ミニと駱駝とパルテノン

ミニの謎を解く地中海一周大冒険

長谷川一郎

二玄社

ロマンティック街道のディンケルスビュールに到着。
おとぎ話の世界のような家並みと赤いミニ。

ミコノスの丘の上から、絵はがきそのままの青と白の風景を眺める。
この島でもミニに乗る友人ができた。

トルコからギリシアのサモス島へ向かうフェリー。
船員に手で持ち上げて脇によせられ、降りるのにひと苦労した。

イシゴニスの故郷、イズミール近くの古代遺跡の前にて。

ピーター自慢のミニ・クーパーと、自慢の娘アレクサンドラ。
ほんとに可愛いお嬢さん。

イズミールの自動車修理工場。
オーバーオールを着た方がミニのオーナーで、この工場の持ち主。

国境の近く、
ギリシア領内の
トルコ人の村。
コウノトリ夫婦が
迎えてくれる。

スペイン南部アンダルシア地方の街、グラナダ。
アラブの香りのする街並みを見下ろす。

モロッコでラクダの群と会う。
大地、ミニ、ラクダは1959年の写真そのままだった。

砂漠に日が沈む。幻想的な光のショー。

目次

ドイツ
ディンケルスビュール
ミュンヘン
ザルツブルク
オーストリア
イス
ベニス
イタリア
フィレンツェ
ローマ
ナポリ
バーリ
パレルモ
シチリア島
チュニス
チュニジア
マトマタ
イスタンブール
トルコ
アテネ
イズミール
ギリシア
ミコノス島

地中海一周大冒険の行程と日程（1995年７月～９月）

７月19日成田出発
７月24日ローバー訪問
７月31日サウサンプトンでミニ引き取る
８月２日 ドーヴァー出発
８月５日 オーストリアでキャンプ
８月８日 ローマ着
８月９日 マシンガン事件
８月11日アテネ着、パルテノン神殿見学
８月15日イズミール着
８月17日サモス島泊
８月19日ミコノス島泊
８月23日ギリシア出発
８月25-27日シチリア泊
８月28日チュニス着
９月３日 チュニジア脱出
９月４日 マルセイユ着
９月７日 バルセロナ着
９月11日モロッコへ
９月14日メルズーガ泊
９月15日カスバ街道でラクダの群と会う
９月16日カサブランカ交通違反事件
９月18日リスボン着
９月21日ヘミングウェイの宿に泊る
９月22日パリ着
９月24日イギリス着
９月29日帰国

はじめに……一枚の写真

きっかけなんて単純なもので、たった一枚の写真だった。

ラクダの群を横切る、ミニの写真……。

《イギリス生まれのクルマなのに、どうして砂漠の風景に似合うのだろう》―そんな素朴な疑問から、僕の旅が始まった。

「ミニの発売が開始された1959年8月26日、プロトタイプのミニが、地中海一周に出発した」という記事とともに、サハラ砂漠や、トルコの片田舎を走るミニの写真が数枚載せられていた。その古めかしい写真を見たとき、どういうわけか、この地中海一周を、僕が再現できるという強いインスピレーションを感じた。

それからしばらくして、奈良の興福寺の境内でミニを見かけた。不思議なことに、シルクロードの終着駅である奈良の風景とも、ミニは絶妙のコントラストを見せている。

《砂漠だけじゃなく、どうして奈良の風景にもミニは似合うのだろう》―疑問は深まる一方だった。

ところが、よく調べてみると、ミニの設計者であるアレック・イシゴニスはギリシア人で、ギリシア領のスミルナ（現在のトルコ・イズミール）というところで生まれている。そのあたりは、古代ギリシア文明の発祥地として、たくさんの哲学者や芸術家を生み出したシルクロードの源流でもあった。

そう考えると、ミニと奈良はシルクロードという一本の「道」で結ばれていたことになる。

ある時、イシゴニスがミニを開発するときに描いたスケッチを見ていたら、落描きのようなミニの平面図と、古代ギリシアの最高傑作といわれたパルテノン神殿の平面図が、ピタリと一致した。重ねてみると、やはり、ピタリと一致する。どちらも、細部にわたり同じタテ・ヨコの比で展開され、パルテノン神殿が円柱から各部の寸法を割り出しているのと同じ方法で、ミニも10インチのホイールから各部の寸法が割り出されており、まったく同じ設計理論をとりいれてつくられいることがわかった。

パルテノン神殿にしろ、ピラミッドにしろ、現代の科学でも解明しきれないような、高度な文明をもった人々によってつくられている。僕は、イシゴニスのスケッチから、そんな古代の文明を、現代にもよみがえらせることのできる人間がいたことを知った。イシゴニス自身も、自らの手を「霊感を受けた魔法の手」といっている。

地中海も、シルクロードも、そんな古代人の叡知が伝えられたところだった。「道」をつくったのは征服者だったが、その「道」を、名も無き人たちが行き交うことにより、そんな叡知が運ばれ、さまざまな文化が生まれた。イシゴニスが、大衆車にこだわって、ミニというクルマをつくったのは、誰もがそんな、壮大な交流をできるようにしたかったからだろうか。

ミニ……古代ギリシア……シルクロード……、僕の胸は高鳴り、古代ギリシア文明の故郷である地中海へ、ミニで行くことを決めた。

一、準備開始

Part Three

HOW WE SUNBATHED IN TUNISIA, FLEW TO ALGERIA, DROVE TO MOROCCO

By Ronald Barker and Peter Rivière

MINI-GO-ROUND

LAST week, in Part Two of this story, the authors, both members of *The Autocar* staff, told of their troubles with officialdom in Turkey, a boat journey from Beirut to Alexandria, and the drive along the North African coast to Sfax in Tunisia.

10 September. A wide road, with first-class surface, bridges the 170 miles from Sfax to Tunis—three hours' motoring in a Mini-Minor, despite an increase in traffic from previous days. A warm welcome from André Gaillard, chief of *La Tunisienne Automobile* (Nuffield distributors in Tunis), who has lived here for 35 years and motored extensively in the Sahara Desert. Aided by his Man Friday, M. Santini, he becomes our charming patron throughout our enforced stay in Tunis. Rivière visits the French Consulate to arrange a visa for Algeria (which Barker already has); it must be collected tomorrow. Bad news—the border with Algeria is closed to road and rail traffic, and can be crossed only by sea or air.

Gaillard, itching to try the Mini-Minor, drives us westwards to nearby Ramarth, a seaside village near Carthage, for lunch at a small inn of inverse repute, *L'Auberge des Dunes*. We discover two Tunisian wines which are worth more than a sniff, and are swollen with a gourmand's feast. Thus fortified, Gaillard reveals that he used to race Chenard-Walckers on the local *Circuit de Carthage* (a six-hour event) and also on the Belvedere Circuit in a park overlooking Tunis. On the return run to Tunis he suddenly darts off at a tangent to engage with a narrow, disused by-road with concrete surface. Almost immediately it banks steeply left, then right; our *pilote de course*, arms flailing like windmills, snakes the Mini-Minor through these with startling legerdemain, deaf to howling protest from 10in Gold Seals. "The next is difficult—many people have crashed here," he warns; top to third at about 7,000 r.p.m., third to second then, full right lock, throttle wide open—and we have survived. So, miraculously, have the valves, which nearly went into orbit. Chenard-Walckers were strong, too!

この一枚の写真から
すべてが始まった。

当時の記録から

1959年8月26日、ロンドンの街角から、チェリーレッドのモーリス・ミニ・マイナーが、16カ国/8000マイル（およそ1万3000キロ）に及ぶ冒険的ドライブに出発した。ミニ生みの親アレック・イシゴニスと親しい、雑誌『オートカー』の敏腕モータージャーナリストであるロナルド・バーカー氏が、同僚のピーター・リヴィエ氏に「ミニとオートカーの両方に宣伝となる冒険旅行をやらないか」ともちかけたところ、「地中海を一周して帰ってくるのはどうだ」という、素晴らしいというか無謀なアイデアが出されたことがきっかけだった。しかも与えられた日にちはたった3週間というとんでもないロードインプレッション企画で、ロングブリッジのBMCからは、無作為に1台のミニ・マイナーが選ばれ、ツインタンクとサンプガードが取りつけられた。2本のスペアホイールとスペアパーツ、そして工具一式が詰め込まれ、出発のほんの数日前に、オートカーのオフィスに届けられたという。イシゴニスはたいそう心配したらしい。まだ市販される前のクルマで、しかもイスラエルやエジプトは通過できるかどうかもわからず、おまけにアルジェリアは内戦状態だった。さらに、バーカー氏が出発前にスペアキーを下水の排水孔に落っことしたため、メインキーだけしかないという不安だらけの中、二人はかまわずロンドンを出発した。

連日600キロを越える走行で6日目にはトルコとシリアの国境に到着していたと、当時の記録が残されている。しかし、些細なトラブルで国境通過に手間どったり、陸路で入れなかったアルジェリ

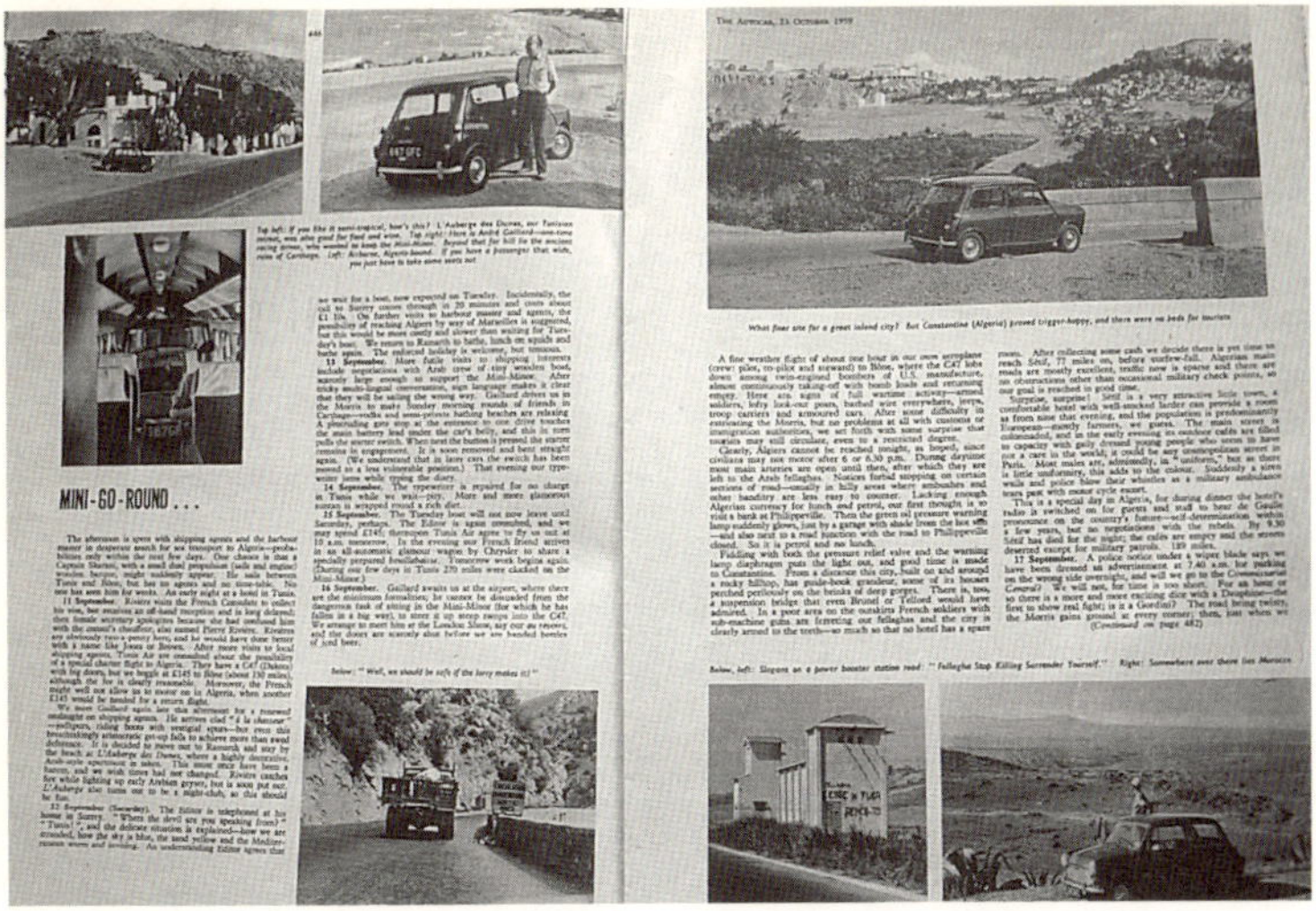

当時のオートカーの記事。本当にこれを再現できるのだろうか……。

アには貨物機に積み込んで空輸したりというハプニングもあったらしいが、ミニ・マイナーはリアサスペンションのダンパーマウントのピンがよく折れるぐらいのトラブルで、無事ロンドンに戻った。

それから30年以上の月日が過ぎ、僕は彼らの足跡を再び辿ることにした。ミニがどれほど人々に受け入れられているかを確かめたかったし、ミニと古代ギリシア文明の関係も確かめたかった。そして、何よりバーカー氏やリヴィエ氏に会って、地中海のあちこちにミニが元気に走り回っていることを報告したかった。

一枚の写真からみた夢を、実現する時がきた。

幸運のミニ

《ミニで地中海一周を再現するぞ》——そう決めたのはいいが、自分のクルマを外国で走らせるのに、何から手をつけていいのかさっぱりわからなかった。ミニを運転したこともなかったし、もちろん、持ってもいない。とりあえず、サラリーマン家業をして、ようやく、ローンを組めば、自分のミニが手に入るようになった。

最初のミニは10インチホイールで、センターメーターのマークIIIと決め、5年ぐらいあちこち捜したが見つからない。

《もうここに無かったら、あきらめよう》——そう決意して、家からいちばん近い外車専門の修理工場に行った。時々、欲しい年式のミニが修理に入っていたので、何かついででもあるかもしれないと思ったからだった。

おそるおそるショップを訪ねたら、おじさんに、

「ちょうど、ええのがありまっせ」といわれて、よく聞いてみると、見かけていたミニが偶然にも売りに出るところだった。何とナンバーは・320、つまり「ミニ」である。

「確か偶然だったと思いますが……」

いずれにせよ僕にとっては「幸運のミニ」のような気がして、手に入れることにし、地中海一周の第一歩とした。

夏前に買ったこのミニにはクーラーなどなく、通勤の時は汗だくになって会社に行ったし、突然、

道端で止まったりもした。何しろ10年以上も前に生まれたクルマである。手に入れて1週間でファンベルトが泣き、1カ月目でマフラーがはずれ、3カ月目にはウィンカーが灯きっぱなしで、半年目にマフラーが割れた。大雨が降ればフロアは水浸しで、センターメーターが曇る。あげくは現場仕事を手伝ったために白蟻が内張りカーペットを喰い、とうとう内側は鉄板剥き出しとなった。

友人たちは「不幸のミニ」といって笑った。

それでも、おもしろいので、乗り回していた。ハンドリングの素晴らしさ、毎日調子の違うエンジン、そして、何より驚いたのは、まるで母親の胎内にいるかのような安心感だった。完成されているようで未完成な……まるで魂が宿っているかのような……ミニというクルマにはそんな不思議な魅力があった。

それにしても、ミニの人気はすごいもので、マフラーがはずれたときは、いつのまにか、見ず知らずの二人組が修理してくれていたし、道端で停まるとすぐに、誰かが押してくれる。子どもたちもよく手を振ってくれた。

そうこうしているうちに会社を辞めた。実現できるタイミングを逃したら、一生かかっても、地中海一周なんてできないだろうと思い、やみくもに準備を始めた。

第一段階は、外国慣れ。といっても金銭にゆとりがないので、消去法で中国が残った。1年前、偶然にも、北京でミニも見かけていたので、そのミニの追っかけ調査というのも理由のひとつにする。このミニがどういうわけか、驚くほど北京の街の雰囲気に似合っていて、上海の古い洋風建築なんか

モンゴルの大草原にて、ほとんどモンゴル人になりきっている僕とミニ。
ただしこの写真は、あとでもう一度行ったときのもの。

よりも遥かに街にとけ込んでいたので、もう一度、ミニのカタチが中国にも似合うということを確かめようと思った。そして、準備を進めているうちに、テレビでモンゴルの大草原が映され、モンゴルまで足を伸ばしてみることにした。

鑑真号という船で神戸から上海に着き、西安、北京と列車で移動する。北京市内では自転車で走り回ってミニを捜したが1台も見つからず、イギリス大使館でも「ミニなんて見たことがない」といわれてしまった。よほどの偶然だったようで、とにかくミニの捜索はあきらめざるをえなかった（後日友人が捜してくれ、確かに1台いるのが確認された）。

モンゴルというところは、大地と天がつらなっているようなところだった。こんなところまで一人で来られたことに、素直に感動した。大勢の人に助けてもらい、友人もできた。人がいるかぎりどんなピンチでも何とかなるもんだということもわかったし、言葉なんて大した問題にならないというのもよくわかり、日本に戻った。

《雑誌にこの企画を通すぞ!》――そう意気込み、東京に向かう。いくつかの雑誌社から掲載ＯＫが出て、工具と経費の一部はスナップ・オン、オイルはＢＰペトロルブ・インターナショナル、タイヤはダンロップ販売店のサンコーさんと、スポンサーも少しついた。ただ、困ったことに、思いもよらぬ注文がついてしまった。

「ただし、新車で行ってくださいね……」

いきなりローン持ちとなり、地中海一周用の赤いミニ・クーパーが納車された。生まれて初めての新車は、ほんの数キロ走っただけで、軽量化のためにあわれにも内張りなんか取っ払われてしまった。

不思議なもので、計画を進めていくと、その都度キーになる人々と出会い、おもしろいように必要な情報が、ちょっとした出会いで得られていく。まるでジグソーパズルが勝手にできていくかのように、ことが進みはじめた。とくに、当時ローバー・ジャパンにおられ、パリ・ダカにも出場した鈴木さんとの出会いによって具体的にどんな準備をすればよいかがわかり、夢が現実になりはじめた。

それでも、外国で自分のクルマを走らせるにはどうしたらいいか……? 前例はあまりにも少なく、難問だらけだった。何か一つ解決しようとすると、井戸に落ちたコインを拾いあげるような手探りが続き、解決したと思ったら、モグラたたきのように、次々に問題が飛び出してくる始末である。輸送に関する手続き、現地で入るクルマの保険の問題、クルマの受取通関手続き、国境通過のシステム、右側通行に対する心配、道路標識、ガソリンのオクタン価……。とにかく不安だらけだったが、国際ナンバーと、国際一時通関のカルネという書類はＪＡＦで取得し、輸送については、海外のヒストリッククラリーで、自分のミニを走らせているガレージ・グレイスの氣谷さんにお世話になることでクリアできた。ただ、クルマの保険は、日本でかき集めた情報として、

「イギリスで入れることは入れるらしいが、30万円ほどかかるらしい」というぐらいのことしかわからない。ヨーロッパの保険も日本と同じように強制保険と任意保険があり、強制保険がないと走行することができない。クルマの保険は、イギリスでの宿題となった。

クルマは鈴木さん、澤地自動車、ガレージ・ペガサス、ＴＲＣ、ガレージ・グレイスなど、多くの人々の助けにより各部が強化され、外観はほとんどノーマルのミニだったが、水とオイルしか点検できない「ズボラのハセガワ仕様スペシャル・ミニ」が仕上がった。オイル漏れ対策、マフラー欠落防止、電気配線補強、ブレ止めキット取り付け……、とにかく壊れないようにしてもらった。

なにはともあれ、ミニは無事に船で送ることができた。これで、およそ1カ月後には、イギリスに着いているはずである。それでも、ここまでくるのに、会社を辞めてから、3年の月日が過ぎていた。

不安だらけのまま、とにかく出発の日となった。１９９５年6月のことである。

二、イギリスへ出発

ロンドン・ビクトリア街にて。ここでイシゴニスは初めての仕事に就いた。

ウェルカム・トゥ・イギリス

飛行機内のアナウンスが、ロンドン着陸の案内をはじめた。

「日本よりも少し肌寒いですが、天気は良好。いいご旅行を……」といった意味のことだったが、あまり「いいご旅行を……」なんて気分にはなれない。

「壊れることなんかあたりまえ、当たりが悪ければトラブルの雨あられ」—そんなミニ・クーパーで、それも、たった一人で地中海を一周をしようというのだからやっぱり不安になってくる。おまけに、ヨーロッパなんて来たこともなかった。

そういえば、

「素手で象でもつかまえに行くぐらい無茶だ」なんていわれたこともあったたし、ましてや、ネジまわしですらまともに回せない筋金入りメカ音痴の僕が、ちょうど、地球半周ぐらいの距離を走るのだから、

「たとえ、本人は詐欺恐喝をはたらいて帰ってきても、クルマが無事に帰ってくることはありえないだろう」と断言するものもいた。それどころか、

「先に船で送ったミニ、盗まれてんのとちゃうか」なんて、ありがたくない心配をしてくれるやつもいた。

《とにかく、世界に出るはじめの一歩を、ミニが与えてくれたのだから、思う存分走ってみよう》

そう思っていると、ガコンという鈍い音とともに、飛行機はロンドン・ヒースロー空港に到着した。

空港に降り立ったとたん、右も左もわからなくなった。たまたま、飛行機で隣り合わせた日本の女の子に連れられてイミグレーションを出たが、ここからは別行動。留学中に一時帰国していた彼女は、出口から何から手回しがよく、イギリスに来たこともない僕の計画が、いかに横着なものだったか反省する。とにかく、今夜の宿を捜すことから始めなければならない。

なるべく人の手を借りたくなかったが、重いリュックを引きずり、英語だらけのまっ只中にいると、さすがに心細くなってくる。初日だけは、てっとり早く、ツーリスト・インフォメーションでB&B(ベッド&ブレックファースト)を紹介してもらうことにした。

ひっきりなしにかかる電話の合間をぬって、真っ赤な制服を着た金髪のおねえさんが、美しいつくり笑顔で、

「MAY I HELP YOU?」と声をかけてくれる。まごまごしながら一夜の宿を頼むと、スラスラとことばが返ってくるが、困ったことに、クラシック音楽でも聞いているように、右から左に抜けていく。へたくそな英語でやっさもっさしながら、なんとかB&Bへの予約をいれてもらった。

地下鉄の改札口から地上に出ると、ロンドンも日本も同じ空気でほっとするが、何か落ちつかない。

これが、アジアのどこかの街角だと、屋台やボロ宿といった自分のもぐり込めるすき間を見つけられるのだが、はじめて自分の足で歩いたロンドンは、あまりにも整然としていて逃げ場がない。そんなとき、停めてあったオンボロミニを見かけた。デコボコで錆びついていて、新車から一度もワックスをかけていないような、想像していたまんまのミニがそこにいた。そんなミニを見ることで、やっ

駐車違反で捕まったクラブマンのドライバー。
ロンドンは違反者に容赦はない。

とイギリスに来たという実感がわいてきた。

少し歩いて、教えられたB&Bにチェックインする。調子のよさそうな白人のにいちゃんに、部屋へ案内されると、部屋の中にバス・トイレ付きを頼んだのに、部屋の中にバス・トイレが無い。何かの間違いだろうと聞き直すと、向かいのでかい部屋がそうだという。つまり、廊下を横断しなくてはならない。イギリスのコメディだと、こういうときにかぎってタオルが落ち、エレガントなご婦人が通ると相場がきまっているものだ。

「どうして、部屋の中にバス・トイレが無いんだ」

「君のために貸切りだぞ、いいだろう」

こういう言い方もあるもんだと思ったが、引き下がれない。

「別の部屋にしてくれ」

「今日は一杯だから部屋は無い」

部屋が無いはずはないのだが、まぁ、とりあえず受けて立つことにした。

あらためてバスルームを眺めると、やっぱりでかい。はて、どうしたものかと考え、とりあえず洗濯をすることにした。リュックごと持ち込み、ここぞとばかりに、東京に寄っていた分の洗濯を一気に済ませた。

向かいの部屋に戻り、満艦飾のように部屋一面に吊された壮観な洗濯物たちを眺めていると、まるで学生時代の友人のうす汚い下宿にいるような気分だった。イギリスの第一夜を気分よく眠るには充分な眺めで、ようやく、ロンドンでも落ち着ける空間ができあがった。

さて、いよいよ大問題のクルマの保険を、解決しなくてはならない。日本での情報だと、ＡＡという日本のＪＡＦのようなところが、保険の代理業務もやっているということである。日本大使館に相談に行ったが、個人のことなど勝手にしろとばかりに、とりつくしまもない。それでもＡＡの場所だけは教えてもらった。

ピカデリーサーカスにあるＡＡに出向く。さあ正念場だ。交渉次第では、こっちで自分のミニに乗れない。本来は日本の保険も海外で通用しなくてはいけないのだが、日本の保険会社が拒否していて話にならない。日本での保険証の英文訳、ＪＡＦの会員証、日本の免許証、車検証を揃え、ドキドキしながら提出する。ところがどっこい、あっさりと「ＯＫ」の返事だ。あれれ、どうなってるんだと

大英博物館の外観はパルテノン神殿をイメージしてつくられているだけに、
建物の前に立っただけで気持ちはワクワク。

思ったが、さすがに自動車文化先進国。外国人がイギリスはもちろん、それ以外の国を走る保険にも入れるという。ただ、細かいニュアンスの確認が難しく、窓口のサラさんという女性と、辞書と首っ引きで、保険をつくってもらった。

「これで、大丈夫ですか。もし、事故をしても、すべてカバーできます？　人をひき殺しても大丈夫なんですよね」―そんな無茶苦茶な質問をしながら、およそ10万円弱で、行く予定の国すべてカバーされる保険書類が完成し、これで、自分のクルマで外国を走れることになった。

ひと息つき、パルテノン神殿のレリーフのある大英博物館だけは行ってみたくなった。中に入り、うろうろしていると、ふとアプロディーテ（ヴィーナス）の彫刻が目についた。おしりを眺めながら、《あの可愛いミニのおしりは、やっぱりアプロディーテのおしりなんだろうなぁ》なんて、ニヤニヤ見ていたら、突然、だれだか知らない男が寄ってきて、僕の手に何かを握らせた。何だろうと思って手を開いてみると、古いギリシアのコインだった。僕がギリシアに行く予定なんか、わかるはずないのに、

「必ず、いいことがあるさ」そういってくれた。その時、どういうわけか、日本に無事に帰れるだろうという予感がした。べつに信心深くそう思ったわけじゃないが、行く末の不安を蹴散らすには、充分なプレゼントだった。

本場のミニ仲間

ミニを乗せた船の到着には、まだ日があった。

かつて地中海一周をしたドライバー二人に会いたかったが、所在も連絡先も、それどころかご健在かどうかもわからない。それでも、せっかくイギリスくんだりまで来たのだから、ミニ関連の方々にあいさつにでも行こうとした。

ヒースロー空港でレンタカーを借り、だいたいの方角を確かめてスタートしたのもつかの間、ランドアバウトというサークル状交差点を半周してドンと飛び出すと、北も南もわからなくなる。あたふたして、時計につけた磁石を見ながら走っていると、前のクルマが次のランドアバウトの入口で突然止まり、こちらも急停車した。走りだして5分。あやうくエア・バッグの餌食になりかけた。

モーターウェイを使わず、一般道を走ってみたら、迷いに迷う。ぼんやり走っていたら、なんと、

白髪のおばあちゃんに、ブチ抜かれてしまった。それも、40年以上も前につくられたモーリス・マイナーで「ブイン」と抜かれたのだから参った。かといって追い越してやろうとアクセルを踏むと、気づいてさらにスピードを上げる。

身体全体でステアリングを切り込み、まわりのクルマを、いともスイスイ追い抜いていく。日本じゃ席を譲らないといけないおばあちゃんでこれだからショックは大きく、日本で何人かから、その話は聞いていたが、やっぱり、劇的におばあちゃんは速かった。

ロンドン郊外のクロイドンにある、ミニ専門誌『ミニ・ワールド』を訪れてみた。といっても、アポなしである。

あらかじめこちらの意図を書いた英文メッセージを用意しておいたので、ガードマンはクリア。だが、アポなしの訪問に、編集長のマイクはあからさまに機嫌が悪い。

「とにかく今日は忙しいので、来週に来てくれ」とそっけなかったが、一応、来週にはこちらの話が聞いてもらえることになったので、大成功だ。

次はミニのチャリティ・イベント「イタリアン・ジョブ」のオフィスを訪問することにし、さらに南に走って、海辺の街ブライトンに着いた。

日本でこのチャリティ・イベントの記事を読んだのだが、１００台ものミニが集まり、飲んで騒いで走りたおし、おまけに、不遇の子どもたちにチャリティまでしてしまうという、このわけのわからないイベントに、絶対に日本人として初出場してみようと思い、ＦＡＸで出場希望の連絡をしたら、早速、エントリー用紙が送られてきた。その中に、「大歓迎だ。できる限りのことはしてやる」という書類をもらったので、主催者であるフレッドにあいさつに来た。エントリーの締切り日は過ぎていたが、なんとかなるだろうと勝手に解釈し、驚かせようと、直接訪問することにした。

何度も道を訊ね、ようやく近くに来ていることがわかったが、ちょうど昼時だったので、道端にクルマを停めて一眠りする。もちろん、こんなイギリス人はいない。寝たり起きたりしながら、またもやヤマカンを働かせ、《そろそろ、いいだろう》とオフィスを訪ねた。しかし、折り悪く留守だった。仕方なく、生まれて初めて英文の手紙を書き、ポストに入れに行ったら、カブリオレ（オープン）のミニが停まっている。もしやと思いベルを鳴らすと、陽気なおばさんが出てきた。

「イタリアン・ジョブか?」

「そうです」にっこり笑って応えると、大喜びで家に招いてくれた。フレッドのお母さん、ジュリアだった。しばらくするとフレッドが戻り、

「グッド、ワンダフル、エクセレント……」、さすがにビューティフルはないが、ありったけの賛辞をくれた。旅の成否はインスピレーションの冴えも関係する。昼寝が功を奏したようだ。それでも、フレッドにしてもマイクにしても、ミニ最初のインプレッションである地中海一周のことは知らなかったのには驚いた。当然、当時のドライバーの手がかりも得られなかった。

翌日はブライトンからロンドンに向かった。途中、『ミニ・ワールド』に寄ると、マイクが出迎えてくれ、ステッカーとTシャツをプレゼントしてくれた。

ロンドンから、ミニの工場があるバーミンガム郊外のロングブリッジに、クルマを走らせる。せっかくなので、イギリスでもっとも美しいといわれる村、カースル・クームにも寄り道してみた。この村はイギリスの「美しい村コンテスト」で、いつも上位に入る村で、石積みの壁に茅葺き屋根の家々は、童話の世界そのままだ。

途中、思いがけずサーキットがあったので、のぞいてみると、オースチン・ヒーレーやアルファ・ロメオ、フィアットなんかが、キャンキャンとタイヤを鳴らし、スピンすれすれまでバトルをくり返している。そこらで見かける安物フィアットでも、ギンギンに走っていると、なかなかの迫力だ。ドライバーがクルマから降り、ヘルメットを取ると、なんと白髪のおじいちゃんたちだった。日本じゃゲートボールに囲碁将棋といった年代の人たちである。

「おう、若けえの、腕をあげたな……」

「おめえも当分死にそうにねえなぁ」なんて、おじいちゃん同士でいってるが、なるほど、こんなおじいちゃんがゴロゴロいるのだから、イギリスのおばあちゃんの運転がえげつないのも、うなずけるというもんだ。

カースル・クームを出発し、ロングブリッジにあるローバー本社に向かった。オースチン、BMC……、ローバーと社名こそ変わるが、ミニが初めてつくりだされた工場である。別にあいさつにいく理由なんてないが、こんなときぐらいしか、天下のローバーに、無理やり入っていくことはできないし、ましてや、僕の英語力でアポイントなんかとても無理なので、つまみ出されるのを覚悟で、いきなり出向いた。

着いてみて気づいたのだが、ローバーのでかいこと、でかいこと。レンガ造りの古めかしい壁が延延と続く。おまけにゲートだらけで、どこがビジターの受付なのか見当もつかない。しかし、ここで引き下がるわけにはいかない。ミニを愛する者のひとりとしては、メッカというか聖域のようなローバー本社を目のまえにして、すごすご帰ることなど、

「勇気のないやつなんか、人生半分ドブに捨てたようなもんやわい」なんて、酔っぱらってぶちまけた都合上、いきなり、ドブ板人生（いつおっこちるかわからない情けない人生）なんてあだ名されるわけにはいかない。つまみ出されたほうがまだマシだ。

ここで、生まれて初めて、日本へ国際電話をかけた。相手はローバー・ジャパン時代、何度もここへきた鈴木さん。いともあっさり、

「Qゲートだけど……。調べずに行ったの？」

ごもっともである。

それでも、とうとうQゲートに来た。ゲートの係員には、「ハッロ〜」とハワイにでも来ているような軽いノリで通過。ちょろいもんだ。何のためにあるゲートだろう。クルマをパーキングに収め、次の突破はレセプションである。そう、受付という難関だ。カメラの入ったズタ袋にGパン。だれが

見ても、やっぱり怪しい人物だ。ビシッと決まったスーツのジェントルマンは颯爽と歩く。彼らより怪しまれないようにと、歌でも歌って、一気に受付に向かって進む。もちろん、歌は「上を向いて歩こう」だ。

しかし、現実は甘くはなかった。ゲートにいたプロレスラーのようなガードマンに、指笛で呼び止められてしまった。やはりガードマンはダテではなかった。もっとも、僕がすんなり入れるようでは、ガードマンなんて何の用も足していないことになり、犬でも飼っといた方がマシになるのだが……。

「ヘイ、ユー。ヘイ、ユー」と怒った声で、敵意をもって呼び止められた。絶体絶命のピンチ！　腕には入れ墨をしたゴツイやつだ。

「ここへ何をしに来た」

睨まれたが、ここであせってはいけない。こういう時は、以前、コピーやファックスを見知らぬ会社に「飛び込みセールス」をやっていたクソ度胸が役にたつ。にっこり笑ってのやりとりが功を奏す。

「僕は、ミニ最初のインプレッションを再現するが、そのあいさつに来た」

「ミニのか？」

「そうだ、ミニだ。1959年8月26日……、そう、ミニのバースデーに、ロンドンからプロトタイプのミニが地中海を一周したんだ。僕はそれを再現する」

「それで、何が目的だ」

「あいさつだけだ。ちょっと待ってくれ、書類がある」

ロングブリッジのローバー本社を表敬？訪問。クルマは借りものの青いミニ。

イギリスは書類文化でもあるから、ゴソゴソと、飲み屋一件おごりで友人に訳してもらった地中海一周の英文企画書を見せる。真剣に目を通されると、いささか不安になってくるが、ガードマンは、大きくうなずき、

「よし、俺について来い」と、大きな身体をゆすって、受付に案内してくれた。

さすがにローバーと思えるような美しい黒人の受付嬢が、

「こういう場合、いったいどこのセクションに連絡すればいいのだろうか」と困っていると、ガードマンは電話をとり上げ、あちこちに連絡をしてくれる。

「安心しろ、何とかなる」

そのことばのウラに、あきらかに、困惑の表情があるのは隠せない。それでも、じゃかすかと手当りしだいに電話をかけてくれる。

その甲斐あってか、広報のパムさんという、いかにもイギリスの品の良いおばさんの部屋に通してもらった。

最初、パムさんは僕の訪問の目的が理解できず、困っていたが、友人のスズキさんに電話で連絡をし、パムさんと僕が交代でスズキさんと電話で話す三者通訳で、ようやく、ただあいさつに来ただけということを理解してもらった。考えてみればユスリ・タカリと思われても仕方のないことだったかもしれない。

イシゴニスとも親交のあったパムさんは、かつてのインプレッションについては知らなかったが、大変喜んでくれて、工場の見学までさせてもらった。工場までをパムさんのクルマの横に乗せてもらったが、やっぱりアクセルはボンと踏むし、ブレーキはガツンと踏む。それでも、知り合いには全部あいさつしながら走るのだからおそれいる。

初めて見るミニの工場には大感激。案内役のおじさんは、ひっきりなしに説明してくれるが、半分もわからない。それでも、工場のガーンとかドーンという音と、ことばのアクセントが絶妙のハーモニーを醸し出す。

「あいつは、まだ新米なんだ。なにしろ、まだ20年しか働いてないからな」

ジョークなのかマジなのか……悩むところだ。

ミニのボディーをつくる「金型」っていうのは、基本的に生産当時のままらしく、バリというか、表面の仕上がりの悪いところも、ちょこちょこある。それをヤスリのようなもので削り、最後に一番目のいいおやっさんが、ガリガリと仕上げてボディーができあがる。はっきりいって信じたくもないような光景だが、そのクルマなりに、だめなところを仕上げて全体のバランスをとるのだから、自分のミニが他人のミニと違って見えるのは、あたりまえのことだということがよくわかった。

パムさんは工場の見学が終わると、わざわざゲートまで僕を見送ってくれた。そして、手をとって「気をつけて、そして、いい旅を…」といって無事を祈ってくれた。

あのガードマンも、「グッド・ラック」と、いつまでも手を振って見送ってくれていた。

税関でいきなりトラブル

日本から船で送ったミニを引きとりに、イギリス南部のサウサンプトン港に着いた。

ここは、あのタイタニック号が出港した港でもあるが……、縁起の悪いことは考えないようにしよう。ちょうど金曜日の夕刻で船舶会社のオフィスには、たった一人の居残り社員しかいない。

「悪いが今日は係の者がいない。明日は休みだが、たぶん手続きができるだろう。とにかく明日来てくれ」

そういわれて、仕方なく引きさがった。そして、翌朝もう一度、船舶会社に出向いた。イギリスでの「たぶん……だろう」は、京都のおあいそことばみたいなもので、「NO」の確率が99%だから、あてにはしていなかったが、今日も一人しかいない別の居残り社員に訊ねると、

「たぶん……、いや、ひょっとすると午後には手続きができるかもしれない」

そんな、お茶をにごすような答えしか返ってこない。

「YESかNOかどちらなんだ。二つに一つで返事をしてくれ。もし、だめだったら、あんたが、判断したと上司にいうぞ」と追い詰めれば、案の定、

「本当はNOなんだ。ただ、管轄外のことだから……」

どうやら、自分が「NO」というのはいやで、あいまいに答えたらしい。とにもかくにも、月曜日まで話にならない。イギリスでの交渉事は、見ず知らずの者だと、だめなことでも「NO」といわないで、ちょっと期待をもたせるような、あいまいな返事がかえってくることが多い。それでも「サンキュー」と礼をいうと、にっこり笑って「どういたしまして」なんていわれるものだから、つい良いほうに信じてしまうが、うまくいったためしがない。すれ違いざまに、ちょっと肩がふれただけでも「ソーリー」というのに、事故のときは謝った方が負けで、絶対に「ソーリー」といわず、自分からぶつかっても相手のせいにするということも、こちらに来てわかった。

このサウサンプトンというところは、港は大きいが街はさほどでもなく、カモメが空を飛び、田舎博物館では小舟で大洋に漕ぎ出したことが自慢げに展示してある。そんなものを見ていると、カモメや小舟の自由さですら、うらやましく思えてくる。カーテン越しに、さらっとした心地よい風がはいってくるが、そんな風ですら、部屋の中で澱んでいるように感じはじめ、頭に描いていた砂漠の風景が、蜃気楼のように霞んでいった。

月曜日の朝は寝覚めが悪かった。とぼとぼと、重いリュックとカメラ機材を担ぎ、船舶会社まで歩いた。汗だくになってオフィスに着き、今度は手際のよい係員の指示で裏にまわると、ガレージに日本から送ったミニがいた。ちゃんと国際ナンバーにもなっている。盗まれてなんかいなかった。

数多い日本での手続きをクリアし、イギリスではヘタクソな英語での保険手続きも終え、ようやく再会したミニの姿を見て、やっと、これまでのことが報われた気がした。

《とっとと引き取って出発や！》そう思いきや、横の掘っ立て小屋から、呼び止められた。

「先に税関で書類をもらってこい。まぁ、親切でいい女がいるから、早く行ってこい」

ひげ面の大男がニヤニヤ笑っていう。仕方なくホテルのすぐ近くにある税関まで、のしかかるリュックの重さにめげながらも、またもや汗だくになって歩いた。

確かに税関には美人がいた。そのブロンドショートカットで勝ち気そうな美人は、僕が揃えた書類を見て、いきなり、

「こんな書類じゃだめだ、こんなものでクルマは出せない。どこにもユナイテッド・キングダムとは書いてないじゃないか」と払いのけるように突っ返してきた。

「これは正式な書類だ！」と僕もやり返す。余計、癇にさわったらしい、

「NO！」語気の荒い返事が返る。

「インボイス（送り状）もあるじゃないか。何がいけないんだ」

「NO、NO！」

「ええかげんにせんかい、コラ、何がいかんねん（とうとう日本語）」

「NO！ NO！ NO！ 出ていけ」

さすがに税関、一歩も引かない。とうとう、床に書類をまき散らされた。

《ハンドルも握れんと、このインプレッションが終わるんかい……》

何のためにここまできたのだろうと、真っ暗な気持ちになったが、一旦引き下がって日本のJAF国際部に確認した。時差のおかげで、日本はもう夜。担当の方は家に帰っていたが、それでも、電話に出た方が担当さんの自宅にまで連絡をとってくれ、担当さんは、自腹で連絡をしてきてくれた。さすがにJAF、ダテに24時間サービスではないと感心する。

「向こうの税関は絶対の権力がありますから、気をつけて。あまり刺激しないでください。でもおそらく大丈夫だと思います。とにかく、もう一度、どんな書類がいるかを確認していただけますか」

そういわれ、再度税関に出向いた。

今度は、たまたまいたおばさんにお願いした。事情を確認してくれ、クルマの引き取り書類をつくってくれるという。まさに、起死回生の状態だ。今度は丁重に奥の部屋に通されるが、この応対の変わりようは信じ難いものだ。そこでは、親切そうなおじさんが、コーヒーまでいれてくれた。後で聞いたことだが、税関でそんなふうに応対してもらえることなんてなく、おまけにコーヒーをいれてくれるなんていうのは、よほどのことらしい。

おじさんは、雑談をしながらクルマの受け取り書類をつくってくれる。気分は悪くない。ところが、

やっとわがミニを引き取る。隣には高価なフェラーリがいるが、
このときはそれさえ気付かなかった。

さっきのブロンド美人が、いきなり「バーン」とドアを開けて入ってきて、何やら怒鳴りちらしている。こちらの不手際を必死に訴えているようで、

「自分は何も間違っていない。悪いのは全部こいつだ」

そこまではわかるが、そのあとは、

「○×△……」相当罵られ、指をさして罵倒されている。いかげん腹もたってきて、

「ええかげんにせい（もちろん日本語）」と、怒鳴ろうとした瞬間、応対してくれていたおじちゃんが鋭く察したらしく、瞬時に、

「出ていくんだ」ブロンド美人を怒鳴った。さすがに第二次世界大戦での戦勝国のお方。争いごとに対する判断はさすがだ。

どうやら、ブロンド美人の、職務に忠実なチョンボだったらしいが、それでも、絶対に

誰も謝らない。おじさんは、こちらのごきげんをうかがいながら、事をすすめていく。そして、最後に、

「地中海か……。おれは行ったことがないが、いいところだろうな。あの親切なおばさんも、行ったことがないから、悪いが絵はがきを一枚、送ってやってくれないか」と、やんわりと頼まれた。

僕は何も悪いことはしていなかったが、おばさんは管轄外の仕事をしてくれたわけであり、税関でそういうことは滅多にないらしい。快く了承して税関を後にした。

ミニを受け取りに行くと、さっきのひげ面の男が、

「どうだ、いい女だったろう」と自慢げに、ニヤニヤ笑っていうから、

「ああ、二度と忘れられないようないい女さ。そのまま、日本にクルマを返してくれそうなぐらい親切だったよ」

そういうと、ことの次第を理解したのか、ひげ面の男は、ブスっとして鍵を渡してくれた。

さて、1カ月ぶりに、ミニのエンジンをかける。一発でかかった。バッテリーも大丈夫のようだ。とにかく動く。しかし、よく見ると、まるで家出していたネコのように泥だらけだ。とにもかくにも、そんな汚いミニで、地中海一周インプレッション再現の出発となった。港湾ゲートに着くと、サングラスの大男に足止めされた。またひと悶着あるのかと思ったら、ナンバーを確認されただけで、意外にスンナリ通された。イギリスの公道にそろりと入り、サウサンプトンの街へと向かう。もうこの街に来ることもないだろう。税関の前を抜け、ファンとおじさんとおばさんにクラクションで挨拶して

地中海大旅行のスタート地点としたドーヴァー。
心地よい風に吹かれてベルギーへ向かった。

から、郊外に通じるバイパスへと入る。

さっそく、フレッドの家に向かう。羽根でもはえたような気分だ。残念ながら、フレッドはサッカーで怪我をし、病院に行ったらしく留守だったが、母さんのジュリアがいた。無事を祈り、「これで、大丈夫」と、イタリアン・ジョブのステッカーをクルマに貼り、見送ってくれた。それでも、本当に地中海に行って帰ってくるなどとは、思ってもいなかったらしい。

今日の最終目的地は、大陸への玄関となるドーヴァー。心地好い潮風の中、海岸べりを東に向かって走ると、前からミニがぶっ飛ばしてきた。サングラスの若者が「パチッ」とパッシングをしてすれ違っていく。後ろ姿をバックミラーで追いながら、ヨーロッパ大陸への玄関であるドーヴァーへと、僕はアクセルを踏みつけた。

なだらかな平原に夕陽が沈むころ、ドーヴァーに着いた。

インフォメーションで、ガレージのあるＢ＆Ｂを紹介してもらい、寝ぐらの確保もできた。街に戻りフィッシュ＆チップスで夕食も終える。やっぱり大してうまくもないが、しばらく食えないとなるとなごり惜しいものだ。

翌朝は爽快に目覚めた。泥だらけだったミニを拭っていると、Ｂ＆Ｂに働く黒人のにいちゃんが声をかけてきた。

「俺もミニが大好きなんだ」といって、洗車用にホースも奥からもってきてくれた。そして、満面の笑顔で、いつまでも手を振って見送ってくれた。

１９５９年の地中海一周のスタートは、ロンドンの街角から、後にワールド・チャンピオンとなるジャック・ブラバムが見送ったという。そして僕は一人のミニが好きな黒人にいちゃんに見送られた。地中海に向けて走り出す。天気は快晴。さえぎるものは、何ひとつなかった。

三、いざヨーロッパ大陸へ

イタリアで見かけたミニ、もちろん動く。

ベルギーに上陸

フェリーのチケットを買いにインフォメーションに寄った。ルートはいくつかあるが、フランスのカレイかベルギーのオーステンドの選択となる。乗船時間も長いベルギー行きが、どういうわけか安い。迷うことなくベルギー行きを予約する。しかし、フェリーの乗り場はドーヴァーから20キロほど離れたラムズゲートからで、時間はあまりない。途中、大あわてで郵便局で絵ハガキを出しラムズゲートに急いだ。

それにしてもイギリス人の飛ばすこと飛ばすこと。ワインディングは時速100キロ巡航だ。交差点はランドアバウトで信号も無ければ、なんと早く着くのだろう。

とりあえず、ベルギー行きのフェリーに乗る。出国審査もパスポートのチェックだけで、問題なくパスしたが、英語の語学力不足で、あやうく料金の二重払いになるところだった。フェリーはさっさと岸壁を離れていくが、

「無事にイギリスに戻ってこれるだろうか。事故なんかに遭わないだろうか。国境でモメて、強制退去されないだろうか」なんて不安が押し寄せる。それでも、あっという間にフェリーはベルギーに着いてしまった。

ベルギー入国審査もラクラクとパス。パスポートのチェックのみという手軽さ。何を持ちこんでもわからないだろう。

さぁ、いよいよ右側通行に挑戦だ。路面電車の走るオーステンドはいい街だが、まだあたりを見回

す余裕はなく、シャツを後ろ前に着たような違和感が続く。ただし、初体験の右側通行というのは、お茶碗とお箸を持ち替えるよりはるかに楽だった。

そうこうしているうちに、めざすブルージュへの標識を見つけ、ハイウェイに入ったのでひと安心。いともあっさりブルージュに着いた。

中世の街並が美しいブルージュ。イギリスでは白髪のおばあさんにブチ抜かれたが、ここでは突然、前から馬車が来るので驚く。事故の保険はおりるだろうか？　標識はそんなに日本と大差ないが（標識の数は日本ほど多くはない）、とにかく信号と車線だけは守り、ブルージュの街の中心に入った。

石畳の道に数多くの尖塔がそびえ、重厚で大きな教会が残されている中世の街そのもののブルージュは「天井のない博物館」といわれるだけに、近代的なビルなど見かけない。人が生きて死んでいくうちに、何かを生み出すということより、何かを残すことに情熱をかたむけたあかしのような街で、ミニはどこにいてもサマになるぐらい素敵な街だ。

ヨーロッパの穴場のようなこのブルージュで、どんな夜を過ごせるか楽しみになってくる。洒落たバーもいいし、鐘の音を聞きながら街を歩くのもいいかもしれない。そんなことを想いながら街の中をゆっくりと走った。

この街のユースホステルは設備がピカ一だと書いてあったので、今夜の宿はそこに決める。ところがどう行っていいかわからない。道を訊ねに、街外れの小さな工場に入っていくと、そこには、鼻すじの通った中年のおっちゃんが、のんびりと作業をしていた。案外、英語が通じて、

ブルージュの教会前にて。このあとハプニングが待っているとは知らず、記念撮影。初めて見るヨーロッパの重厚な風景にもミニはよく似合う。

「あと5分したら仕事が終わるから、送っていってやるよ」

その親切に甘え、待つことにする。

このおっちゃんは以前ミニに乗っていたらしく、どこからか旧タイプのテールライトをもってきた。もう15年ぐらい前のことらしく、事故にあって手放したらしい。また、何やらゴソゴソと捜していると思ったら、今度は取扱説明書がでてくる。

「まぁ、お前も飲め」

ビールが出てきたとき、何となく嫌な予感がしてきたのだが、案の定、仕事が終わるどころか、ビールを飲みながら、手際の悪い作業が延々と続く。その間も、ひっきりなしにビールを開け、僕にも勧めてくれる。陽が暮れ、教会の鐘の音が寂しく響くころになっても、おっちゃんはビール漬けだ。

そうこうしているうちに、ビール腹をしたおっちゃんの友人がやってきた。なんとも陽気なおっちゃんだが歌手でもあるという。歌手といってもオペラ歌手のようで、目をむいてしぼり出す歌声が妙に愉快だ。

とうとう、宴会になってしまった。

ミニは国や民族を越えた交流のかけ橋となったが、僕は《今夜はどこで寝られるのだろうか……》と不安で一杯になる。

やがて歌手のおっちゃんは帰っていき、酔ったおっちゃんの相手は、僕の担当とあいなってしまった。これがとんでもなく愚痴上戸のおっちゃんで、とにかくごにゃごにゃと、ずっと一人でしゃべっている。ガマンできずに、勝手にユースへ行こうとしたらようやく工場を閉め、連れていってくれた。

着いた頃には、もう真夜中になっていた。泊まり客の若者たちは、まだ庭でぐたぐた遊んでいたが、受付は終っている。おっちゃんが酔ってからみ口調となるので、その若者たちがからかい始めた。困ったことにおっちゃんは、

「お前らなんかに負けるか」とケンカを売って突進しかけるから大変。まさか、こんな異国でケンカの仲裁に入るとは思わなかったが、そんなことをいってる場合じゃなく、噛みつかんばかりに怒るおっちゃんを、タックルして押しとどめてから、クルマに戻った。さぁ困った。もういまさらホテルに行くこともできない。おっちゃんは「うちへ来い」というので、ついていくことにした。

少し郊外にあるおっちゃんの家は、びっくりするほど大きく、またビールを勧められた。

テレビをつけると、奥様が下着姿のまま起きてきて、二言三言だんなに文句をいったあと、ちらっとこちらに一瞥をくれただけで、まったく無視されてしまった。そりゃぁ夜中にどこの馬の骨かわからないやつが来たのだから、機嫌が悪くなるのも当然だ。

「こちらはそれなりに恐縮してるのに…」なんて理屈は通じない。いかにも迷惑そうな顔をされてしまった。それでも、おっちゃんは相変わらず酔って僕に話を続ける。

「なるほど、愚痴の中身は夫婦問題のことだったのか」

おとぎの国のようなブルージュだったが、男と女がいるかぎり、同じような話はいっぱいある。気の毒にとは思ったが、フラフラになってきた僕は、とうとう、ソファーで寝てしまった。

翌朝、目が覚めると、おっちゃんもソファーで寝ていた。僕が支度をしていると、おっちゃんも目覚め、表まで見送ってくれ、照れくさそうに別れをいってくれた。

ヨーロッパ初日でこれだけハプニングだらけだから、この先どうなるのだろうと思いながらも、朝靄の中、エンジンをかけ、近所に迷惑にならぬよう、あまり音をたてずにおっちゃんと別れた。

キャンプをする中国人アルプスを越える

木々の緑が深くなってきた。

アルプスをめざしてドイツを走る。そうアウトバーンを、ミニでぶっとばす……。といっても、巡航150キロが限度。日本では味わえないスピードとはいえ、慣れればどうということのないスピードだ。それぐらい日本の高速よりも路面はいい。

2車線ガラ空きのアウトバーンをベンツ、BMW、アウディが爆走していく。それをポルシェが蹴散らさんばかりにブチ抜いていく。まさに力と力がぶつかる凄まじい光景だ。ドイツ国民がこれほどまでに攻撃性が強い民族だとは思わなかった。とにかく速いものが勝つ。これがアウトバーンの掟だ。

無法地帯のアウトバーンも区間によってはトレーラーが多い。ミニであれ、どうしても追い越し車線に出なければならないこともある。途端に後方1キロぐらいのところから、ブタ鼻のBMWが「ミニごときが追い越し車線に出るんじゃねぇ」とばかりに敵意まるだしでパッシングをくらわす。ベンツは優しいし、オペルは遠慮がちなのに、どうしてBMWだけは、ここまでミニをいじめるのだろう。

「俺様はエリートだ。俺の前を走れるのは、フェラーリ、ポルシェ、ベンツ以外に許さない」と、青っちろいゲルマンにいちゃんが、追い越しざまにチラリと睨んでいく。いつか、カリカリにチューンしたモンスターミニで、こいつら全部にパッシングをやりまくろうと心に誓い、僕は道をゆずった。

ミニにしてはハードな時速130キロのペースで巡航するが、他のクルマを抜くことなんてほとんどない。せいぜい、ボロボロのフィアット、シトロエン2CV、あとはでっかいキャンピングカーを引っ張る連中ぐらいだ。それでも、アウトバーンでシトロエン2CVはけっこう見かけ、髭もじゃのにいちゃんや、貧乏そのもののおっさんが、ひとりっきりで南に向かう姿はなかなかカッコイイ。かつてシトロエンが「2CVの冒険大賞」コンテストを行ったという伝統は、根深く残っているのだろうか。

とにかく、ヨーロッパ中どこにでもいる2CV。路地裏の逸品。
フランス人の友人ダニエルは、上の幌がふっとんだことがあるといっていた。

その昔、若者たちはこぞって、この2CVで世界中のあらゆるところへ冒険旅行に出かけた。噴火する火山の火口にまでいって写真を撮ってきたりするのだからとんでもない。とにかく無茶苦茶なところへ若者は旅立っていった。この足踏みミシンのように簡素な2CVは意外にタフで、地中海沿岸では、砂漠のオアシスであろうが、石畳の街であろうが、見かけないところはない。数ではミニやVWビートルよりも、はるかにたくさんの2CVが生き残っている。この2CVが発表されたとき、そのあまりの安っぽさに、フランスのドゴール大統領は顔をしかめたらしいが、僕は実にカッコいいデザインだと思う。カラフルなカラーリングに彩られた2CVは、今風のクルマなんかより、絶対に新鮮だと思うが、さてさていかがなものだろうか。

次の日はアウトバーンを降り、ロマンティック街道を走る。夕方になり、ディンケルスビュールという街に着いた。城壁に囲まれ、深い切妻の屋根をもつ家々が美しい、中世そのままの街だ。昼間は観光客が多くて、大した情緒もないが、赤茶けた屋根に夕陽が沈み、月明かりで石畳が浮かびあがる頃になると、おとぎ話そのものの街となる。どこからともなく、神父さんのような、夜回りのおじさんが、ランプをもってあらわれる。角笛を吹き、ドイツ民謡を謡いながら、カフェやレストランをまわると、あちこちからワインがふるまわれる。そのワインを皆で一口ずつ分かち合った。

子どもたちも、そんな夜のひとときを一緒に過ごしていた。小さい頃、夏祭りの夜に、少しだけ大人の仲間入りしたような、ドキドキした気分を思い出す。いじめっこな友だちも、こんな夜は、なんだか、たくましく見えたものだ。ちょっと照れ臭いような、それでいて家に帰りたくなくなるような不思議な気分だった。教会の鐘が鳴ると、夜回りさんは帰り、子どもたちも、お父さんやお母さんに手をとられ、ちょっと残念そうに帰っていく。

《なるほど、これがロマンティック街道のロマンティックさだったのか》

月明かりに浮かんだ街を見ながら、ぼんやりと一人でたたずんでいた。

ドイツからオーストリアへ入り、ザルツブルクに着く。残念ながらユースホステルは満員で断られた。道端にクルマを停め、耳をすますと、子どもたちの合唱が聞こえる。アルプスの麓にあるザルツブルクは空気までも澄みきっている。このあたりは、映画『サウンド・オブ・ミュージック』の舞台でもあった。

《サウンド・オブ・ミュージック》の主役が、かのオードリー・ヘップバーンに決まっていたのに、歌と踊りと演技力の差で、ジュリー・アンドリュースに変わったっていう話は、みんな知らないだろうな》なんてことを思い出しながら市内を走ったが、困ったことに、ホテルが全部満室で、泊まるところが見つからない。どうやら、夏休みの合宿シーズンだったようだ。やみくもに走っていると、キャンプ場の標識が目に入った。

それならばとオートキャンプに挑戦する。テントや寝袋をミニに積んで送っておいたので、寝るだけなら用具の心配はない。まぁ早い話がキャンプ場にクルマを停め、テントを張って寝るだけのことだが、妙にワクワクしてくる。キャンプの前には、サバイバル気分でとりあえず腹ごしらえ。ちょうどマクドナルドがあったので、ビッグ・マックにかぶりついた。やっぱり、どこで食べてもマックの味は同じ味で安心するやら、味気ないやら。もちろん、バリュー・セットなどはない。

ふと目の前のテレビを見ると、何のスポーツか忘れたが、日本人の活躍が中継されていた。旅に出てこのとき初めて、自分が日本人であることを強く意識した。一昔前はフジヤマ・ハラキリ・ゲイシャの日本だったが、近ごろはカラテ・ソニー・トヨタである。判で押したように同じことをいわれる日本を、ちょっぴり背負って頑張っているんだぞなんて言い聞かせキャンプ場に着いた。

利用費は結構高かったけれど気分は上々、クルマをいわれたところに停め、バカンスを楽しむ人々のなか、たった一人でテントを張った。指定されたスペースは、ちょうど西陽のあたる場所で、とてもじゃないが、暑くてテントに入っていられず、仕方がないので外にいた。隣のキャンピングカーの家族が、いそいそと夕食の用意で忙しそうにしていたが、僕はやることがなく、何かをしていないと、あからさまにヒマそうなので、とりあえず、クルマを拭っていた。

こんなバカンスの時期に、それも一人でいる東洋人に声をかける物好きはいないと思っていたが、それでも、ミニ好きはいるもので、ついに、ドイツ人のおじさんが話しかけてきた。

「アー、ユー、フロム、チャイナ、チャイナ?」

「NO、ジャパン」といっても、

「NO、NO、チャイナ、チャイナ」と聞き入れない。本人が違うといっても、

「チャ・イ・ナ」とていねいに教えてくれる。いかにもドイツ的なおじさんだ。

《チャイナぐらいわかっとるわい》ムカッとしたが、その原因は、僕のクルマの国際ナンバーにあった。「湘南55ち6687」が、国際ナンバーになると「KNN55CHI6687」となるのだが、ヨーロッパでは日本と同じように地名がナンバーに略号として入ることが多く、CHIがチャイナの略と間違えられる。おまけに、KNNもキーナンといって中国のことになるらしく、中国ナンバーと間違えられても仕方がないようだ。

そういえばクルマどうし並んでも、いきなり、「ニー・ハオ」とあいさつされたこともあった。「ノー、ジャパニーズ」といってもふんふんといった具合で、大した違いでもないと思われていることも多かった。僕は中国からクルマでキャンプに来た不思議な中国人として評判になってしまった。

もちろん、あいさつは「ニー、ハオ」である。僕の顔は中国のどんな人込みに混じっても、遠くから、「コンニッチワ」といわれたのだが……。日本人を意識していた自分はガラガラと崩れた。

オーストリアのキャンプ場を後にし、アルプス越えに挑む。たいそうに意気込むのは、アウトバーンを使わずに一般道で越えようとするからだ。

せっかくの夏のアルプス。自然を満喫したいという気持ちと、この難所を、地元の人と接しながら、越えてみたいという気分もあった。それと、アウトバーンのベンツ、ＢＭＷ、ポルシェの追い越し合戦にも飽きていた。ベルギーで買ったヨーロッパツアーのガイドブックには、アルプス越えに特別にページがつくられ、いくつかのルートが記されている。さぞやクルマでのアルプス越えは、大変なものだろうと、数あるルートの中で、次の目的地ベニスに、もっとも直線的なルートを選んだ。

アルプスの山壁が迫り、谷あいに追いやられたとき、突然ゲートがあらわれた。なにやらお金を払っていかなければならず、たぶんトンネルかバイパスだろうと思っていたら、どうも様子がおかしい。こういう時はやみくもに進まず、様子を見ていると、ゲートを越えたクルマたちは、プラットホームのようなところから、坂道を下っていく。いくらなんでも列車に積み込まれるなんてことはない……そう思っていたら、本当に貨物列車の荷台に乗っかってしまった。

これは愉快と、ホームに降りて写真を撮っていると、何のブザーもなく、いきなり列車が走り出す。慌てふためいて、ホームにいた数人とともに、列車に飛びついた。柵を乗り越え、貨車に乗ったとたん、トンネルに突っ込む。それにしても、もし、乗り損ねていたら、どうなっていただろうか。後ろのやつらは列車から降りられず、国や民族を越えたひんしゅくを買っていたにちがいない。

トンネルの中は、とにかく真っ暗。どうせすぐ抜けるだろうと思っていたら、いつまでもガタゴト走っている。おまけに、寒さで凍えそうだ。えげつない風圧の中、必死にドアをこじ開けてクルマに乗り込んだ。

トンネルを抜けると、後ろのおじさんたちは、クルマの中に入っていなかった。マンガみたいにボサボサ頭でメガネがズれ、寒さで震え唇は色を失っている。それでも「ナハハ」と笑いながら、ちょっとしたユーモアにしてしまう明るさが、外人らしくて妙に可笑しい。おじさんたちにとっては、大変なアルプス越えだったようだ。

一文無しでイタリア

オーストリアからイタリア国境を越えると、道路の雰囲気がガラッと変わる。

とにかく舗装がデコボコ。おまけに運転マナーがとことん変わる。ゲルマン系の多いオーストリアは、整然としたマナーで安心して走れるが、ラテン系のイタリアに来ると、油断もスキもない。とにかく何が何でも追い越しをかける。

前からクルマが来ようが、ブラインドのカーブであろうがおかまいなし。前のクルマにくっついていっては、隙あらば追い越す。３台並んでカーブを抜けるなんてことも、しょっちゅうあるぐらいだ。

越えてきた（くぐり抜けてきた？）ばかりのアルプスをイタリアから振り返る。
のどかな北イタリアから南へ下ると、トラブルだらけだった。

しかし、日本と違って、追い越し方にリズムがあって、流れるように追い越していく。そのテンポが痛快で、しばらく眺めていた。

ただ、気分よく走っていた僕は、ここで大きなチョンボをしていたことに気がついた。それは、両替をせずに、イタリアの国境を越えてしまったことだった。

高速道路じゃなく一般道を走ったことがいけなかった。国境の通過があまりにも簡単だったので、両替することが頭になかった。つまり、一文無しでイタリアに来たことになる。成田空港でイタリア・リラのトラベラーズ・チェックが手に入らず、おまけに、土曜日の午後ということで、銀行も閉まっている。こんなときしか見ないガイドブックによると、ベニスの両替所は土曜日でも開いているらしい。ガソリンの残量は半分、予備の10リットルが頼りだが、地図によるとベニスに到着できるかどうかギリギリの計算だ。とにかくイタリアの高速道路アウトストラーダを使わず（うっかりしていると、いきなり有料のアウトストラーダに入ってしまう）ベニスに向かった。

ガス欠寸前でベニスの近くまで来た。地図を見ながらスピードを落として走っていたら、バイクに毛のはえた3輪トラックのおやじが、アクセル全快で歯をくいしばって僕を追い越していく。目が合えば隣のおやじは、アニメに出てくるようなイタリアおやじそのものの憎めない顔で「ニッ」と笑う。仕方なく抜かせてやると、これがことのほか遅い！「エイヤッ」と抜き返そうとしたら、すぐに右折（日本の左折）していくのだから、ほんの100メートルぐらいガマンできんのんかいとなる。いやはや、イタリアは大変な国だ。

夕方近くになって、突然、目の前に地中海が見えた。天気が悪く海は鉛色で、思っていたような真っ青の海ではなかったが、道は海に向かって突き進み、海岸から沖に向かって飛び出していく。《そうか、ベニスは島だったんだ》あらためて納得した。それぐらい予備知識なくベニスに来る日本人も珍しい。ともかくようやく海が見えた。もし、何らかのトラブルでこの先走れなくても、地中海まで来られたことで、申しわけがたつと思った。

ベニスに着いて両替を済ませた。あとで聞いた話だが、この銀行の窓口は、両替額をごまかすことがあるらしい。これもイタリア、用心にこしたことはない。さて、次にやることは、今日の宿を捜すことだ。水の都・ベニスで、ゴンドラに乗って、夜景を楽しもうか……などと考えていたら、とんでもない。クルマはベニスに入れず（イタリアに行く人にとっては常識だが）、おまけに、駅前ガレージは満杯で、クルマを持っていると不便きわまりない。ベニスから離れたところでホテルを捜し、鉄道でベニスに行こうとするが、どのホテルも満室だ。仕方なく、南に向かって走ることにした。

そんなイタリアでの食事はというと、実はほとんどパーキングで済ませていた。パーキングにとりたてて食べたいものがあるわけでもなかったが、手軽に食べられることが何よりだった。ケースの中にはいろいろな具をはさんだパンが並び、よりどりみどりだ。ただし、「これ、ちょうだい」といってもだめで、まずレジに行ってお金を払い、レシートをもらってパンを受け取らなければならない。早い話が、食い逃げ防止のシステムで、いちいち金額を覚えておかなくてはいけないのは面倒だった。

いつも混み合って、立ったまま食べることも多いが、それでも、誰かが話しかけてくれることが多くて退屈しなかった。たとえ、お互いのことばが通じ合わなくっても、心は通じる。こちらの機嫌が悪いと、向こうも無視するし、楽しいことがあれば、

「何かいいことがあったのか」と話しかけてくれる。

「イタリアはいいところだろう」なんて、派手なジェスチュアーで聞かれることもあった。

「そうだね」なんていうと、どこからともなくカプチーノがでてきたりする。

もし、僕が日本にいて、どこかの国から来た人と、偶然に飲み屋なんかで会って、「どうだい、日本はいいところだろう」なんていえるだろうか。

泥棒が多くて、いい加減で、時間にルーズで……、それなのに、どうしてイタリア人は自分の国を自慢できるのだろう。

「イタリアの何が一番なんだい」なんて聞いてみると、

「そうだなぁ、俺たちかもしれないな。俺たちがいるからイタリアはいいところなんだよな」

そういわれれば、そうかもしれない。


真夜中にフィレンツェに着いた。イタリアのチビグルマ、フィアットのチンクエチェントが、お出迎えがわりに、走り回っている。

街はずれにあるインターチェンジから市街地に向かう。ごくあたりまえのイタリアの風景で、大聖堂も見あたらなければ、古い文化財もない。フィレンツェらしい雰囲気なんかどこにも見当たらない。付近にホテルもなく、捜すのも面倒になってきた。

とうとう、クルマで野宿することにした。これが初めての野宿だったが、まぁ、イタリアのことだ、用心に越したことはない。目立つところや人目につくところでは、あぶなっかしくて寝られない。一時間ほどウロウロして、ようやく、アパートの谷間にある小さなガレージに入り込んで寝ぐらとした。

寝袋をシートの上に敷き、毛布にくるまり、ぼんやりと、古めかしいアパートを眺めてた。建物をよく見ると、窓の飾りにしても、それをつくった職人さんの人柄がわかるような、いいカタチをしている。やさしい色のカーテンがかかり、可憐な草花が飾られていた。小さな幸せがいっぱい詰まってそうな、そんな感じの窓だった。

ちょっと前の京都にも、そんな風情がいっぱいあった。家の軒下には朝顔が花をつけ、紅殻《べんがら》格子から見た路地裏は、万華鏡でものぞいているみたいに不思議な世界だった。

このフィレンツェの窓には、そんなひと昔前の京都のような「懐かしさ」がする。ことばが通じるのなら、ちょっとした仕事を見つけてこの街に住んでみたくなった。そんなとき、イタリアやフランスで修行した日本の芸術家やシェフのことが、ちょっとだけ身近に感じられた。日本じゃ、ヨーロッパで修行した人の技術や評価ばかりが取り沙汰されている。けれども、彼らが本当に伝えたかったのは、こんなヨーロッパの「懐かしさ」であって、日本のように、すべてをかなぐり捨てて、欠点の改良型ばかりをつくるのではなく、伝統というか大切にしてきたものの良さを残しながら、新しいものをそこにぶつけていって本物を生み出していくという、ヨーロッパの奥深さではなかっただろうか。

とはいうものの、現実にこの街に住んで明日から修行となると、ことばも含めて大変なことで、旅なんていうのは、そういう意味では気楽なものだ。クルマでの野宿第一夜は、こうしてふけていった。

ガタガタという、窓を開ける音で目が覚めた。怒られないうちにさっさとおいとまする。

少し走ると、川向こうに大きな聖堂が見えた。赤茶けた屋根の連なるフィレンツェの街が目の前にあった。晴天のフィレンツェは、心地よい風と光に包まれ、ルネッサンスがすぐ昨日だったかのような朝を迎えていた。

街中に入ると、すぐにガレージのある居心地のよさそうなペンショーネが見つかった。なんとはじ

ミニよりもっと小さいフィアット・チンクエチェント。
このイタリア名物のネズミは、南へ行くほど生息数が増える。

めてのクーラーつきの部屋で、クルマはガレージに置いたまま、フィレンツェの街を、ふらふら歩いた。

月曜日だったので、ほとんどの美術館や博物館が残念ながら閉まっている。そうすると、時期はずれの観光地みたいにつまらないもんかと思いきや、イタリアは人を見ているだけでおもしろい。大聖堂のまわりにバイクや自転車専用の道があって、チャリンコ・バイク同士の追い越し合戦が楽しめる。ピヤ～ンと音は頼りないが、カーブでアウトから抜き去ると、抜かれた方も「ンニャロ～」とばかりに、アクセル全開で食らいついていく。ぼんやり座っていると、しょっちゅうこのバトルが見られるから、退屈なんか全然しない。大いなる遺産の大聖堂まわりが、レース場というのも愉快このうえない。

それにしても、どうして、目の前にいるやつを見ると反射的に追い抜こうとするのだろう。僕には「血」がそうさせるとしか思えなかった。征服合戦をくぐり抜けてきたイタリアなんだから、相手を出し抜くのは生きることそのものなのだろうか。

とにかく、極端から極端のイタリア。トラブルにあった人の話も事欠かず、あるバイク旅行者は、盗まれたら困るっていうんで、街燈にチェーンで前タイヤをグルグル巻にしておいたのだが、翌日きっちり前タイヤだけ残して盗まれた。しかも倒れないように両側からつっかえ棒がしてあったという。スリにカバンを盗まれて困っていた人は、声をかけて助けてくれたやつに身ぐるみはがされ、今度は別のやつに、「お困りでしょう」と、自分のカバンを売りつけられたなんて話も聞く。

いずれにせよ、ふだんの脈拍が、ドイツ人より速そうな連中が多いことだけは、たしかなようだ。

ナポリを見て死ねるか

夏の陽ざしがガンガンと照りつけるナポリ。「ナポリを見て死ね」といわれるぐらい、素晴らしい景観のナポリだが、下町の汚さにびっくり。スパッカ・ナポリと呼ばれる土ぼこりにまみれた路地裏は、陽ざしの強さとは裏腹に、はっきりとした影に包まれている。

風の音もなければ、クルマの音も聞こえない。うす暗い窓に目を凝らせば、せわしなく人々がうごめく。耳をすませば人々の生活の音が聞こえる。子どもを叱る声、ガチャガチャと食器のあたる音、裏窓から響くおばはんの鼻唄。道路が部屋の仕切りがわりみたいなもんで、路地裏一角ぜんぶが家族みたいだ。

突然、頭の上から、おばはんのドでかい声が響く。何のことかチンプンカンプン。とにかく巻き舌で僕に向かって怒っているが、にっこり笑ってのごまかしなんか通用しない。すぐに退散しないと、洗濯のあまり水でもぶっかけられそうな剣幕だ。あわててクルマに乗って立ち去った。

さて、イタリアもナポリまで南下してくると、クルマはいっそう小さくなり、ルールはさらに無用となる。とにかく、原形をとどめているクルマなど無い。それで抜き合いへし合いしているのだから、「ガチャン」「ゴッツン」なんて事故は、あいさつのようにおきる。うっかりしているとぶつけられるし、チャリンコ・バイクの方向転換のカベにされる（ボコッと蹴って方向を変える技。日本じゃどつかれるわな）ドアを蹴られてはらたまらない。「エイヤ」と、ドアを開けて抵抗するが、まさか右ハンドルだとは思ってもいなかったバイク兄貴は、ふいをつかれ、必死のクツ・ブレーキでターンしながら叫んでいく。

おそらく、放送禁止用語だらけの罵声をあびせていたのだろうが、日本のケンカのように、目くじらたてた睨み合いじゃないのも、やっぱり、イタリアのさっぱりしたところといいたいところだが、こんなことでケンカしていたら、命がいくつあってもたらないのだろう。

ちょっと昔、アルファ・ロメオが安い労働力を見込んでナポリにアルファスッド工場をつくったが、極めて低い労働意欲のためにうまくいかなかった。いかにもナポリらしいが、（コソ泥、女好きもナポリ名物）そんなナポリの路地裏を、ボコボコになった傑作チンクエチェントが、これでもかと全開で駆け抜けていくのが愉快でならない。

おばはんのドでかい歌声も、ドロドロの水たまりにギラギラ映える太陽も、やっぱりナポリそのもの。チンケな映画よりも、ナポリの路地裏はエキサイティングだ。


アウトストラーダを飛ばし、ギリシア行きのフェリーの出るブリンディシに着くと、とっぷりと夜もふけてきた。案の定、ギリシア行きの船はない。ホテルも少なく、さて今夜もミニ・クーパー・ホテルかと思いながら、腹ごしらえのできるところを捜した。

こんな夜中でも開いているのは2軒のピザ屋さんだけ。さてどちらに行こうかと迷ったが、古くさいほうに行った。チェーン店の方じゃなく、家族みんなでピザを焼く店にした。

メニューはもちろんイタリア語。英語なんか通じない。ピザ屋のおやじさんは、

「おーい、これぐらいか?」と、直径40センチぐらいの生地を見せる。とっ、とんでもない。日本のお好み焼きでいえば特大よりまだでかい。いくらなんでも食べ切れない。すると、

「じゃあ、これぐらいだな」とばかりに、ふたまわりほど小さい生地を見せてくれたので、それにした。具なんてもちろんおまかせだが、このピザが抜群に安い。なんと日本円で200円ほどだ。

あっつあつのピザを箱に入れてもらい、ビールを買って帰ろうとしたら、店の小さな男の子がついてきた。日本人がめずらしいのか、表にあるミニが可愛いのか、しきりに何かを話かけるが通じない。

でも、お互いに心では会話がちゃんと成り立っている。日本じゃ、夜中に見ず知らずの外人が来たら、

母親が血相かえて飛び出すところだ。ところが、イタリアでは、だれも外に出てこない。ちっちゃなステッカーを数枚あげたら、店にすっとんで帰っていき、なんと、おやじさんやおかあさんはじめ、店中の人が全員出てきて、「アモーレ」「チャオ」「グラッツェ」と、まぁにぎやかなこと。とにかく、近所迷惑くそくらえの大騒ぎとなった。

少し離れたガレージに行き、そのピザとビールをいただいた。イタリアは南に行くほどピザがうまい。北にくらべ、上にのっかっているものは少なく、生地も薄いが、素材そのものがとにかくうまい。異民族大ゲンカの名残りか、それとも、貧しき南イタリアの知恵か定かではないが、ピザを箱から出すときのあたたかさが、少し肌寒いクルマの中でたまらなかった。あの家族の笑顔そのまんまの、あったかいピザを頬ばりながら、《デカイのでもよかったかな》なんて思った。

今夜の寝ぐらを捜しにと、人気のない海岸へと向かった。

なかなかいい場所が見つからない。ようやく、荒れたはてた海岸の草むらに寝ぐらをさだめた。アドリア海の波は荒い。切り立った崖近くにクルマを隠して寝ていたら、5分もしないうちに、窓をコンコンと叩かれた。あわてて飛び起きると、なんとマシンガンを持った連中に囲まれている。とくに、一人の目つきが尋常じゃない。あきらかに人を撃ったことのある目だ。少しでも動くと、ガシャとこちらに銃口が突きつけられ、うっかり飛び出すと蜂の巣だ。殺気というものを生まれて初めて感じた。

それでも、案外冷静にまわりが見えた。というより、彼らが、強盗にしては統率がとれているし、何より顔を出していることで、悪いやつらではないと直感した。

リーダーらしき人物が近寄ると、腕にポリスとあったので、ホッとしたが、少しでも不審な動きをすると、「ガシャ」っと、銃口を突きつける。

「ここで何をしている」英語で訊問してきた。

「寝ていた」かなりトンチンカンな答えだったらしく、アホかという顔をされた。

「それはわかっている。何の目的でここにいるんだ」と、ちょっとあきれたような怒鳴り声がかえってきた。それでも銃を持ったやつらの目つきは、今にも撃ち殺さんばかりだ。

「ただのツーリストだ」というと、パスポートをチェックし、号令ひとつで引き下がっていった。

どうやらレーダーか何かにひっかかったらしい。後でわかったことだが、このブリンディシの近くには、航空基地があり、ボスニア空爆のために、多くの戦闘機が飛び立っていた。つまり、非常態勢だったようだ。それでも、ポリスが来たぐらいだから、もうややこしいやつは来ないだろうと、熟睡してしまう自分が恐ろしい。翌日、道端にある標識を見たら、きっちり銃弾の跡があった。だれかが標的にしていたようだ。やっぱり、南イタリアは、物騒なところだ。

四、ミミのDNAを解く

アクロポリスの丘に立つ
パルテノン神殿。

ミニとパルテノン神殿

フェリーに乗り、ギリシア海軍の船を横目に、ギリシアのパトラス港に着いた。この街はミニだらけで、10インチのものがあちこち走り回っている。ここからパルテノン神殿のあるアテネまで、ペロポネソス半島をまわっておよそ200キロ。3時間でアテネ市内へと入った。

アテネ市内のクルマの運転は、日本によく似たマナーの悪さ。車線を守らない割込み、道端駐車、クラクションのタイミング……。妙に安心してしまう。行き先の目印はもちろんパルテノン神殿。やみくもに走り回っているうちに、丘の上のパルテノン神殿を見つけることができた。

遠目に見るこの古代ギリシアの大遺産は、冷たい現代建築と違い、まるで自然の生き物であるかのように、丘の上に立っていた。ミニも確かにほかのクルマに比べると、そういう感じがする。このパルテノン神殿とミニが同じ理論で造られていたことは、イシゴニスの残したミニの平面図のスケッチに隠されていた。

フリーハンドの落書きのようなこのスケッチは、パルテノン神殿とまったく同じタテ・ヨコの比で描かれている。おもしろいことに、ジアコーサ博士の設計したフィアットのチンクエチェントも、同じタテ・ヨコの比でつくられていた。

これだけなら、単なる偶然といえるかもしれないが、ミニのエンジンやシャシー各部分の配置と、パルテノン神殿の各部の配列は、見事に対比された関係となっている。

パルテノン神殿をはじめ、ギリシア建築の特長というのは「数の比」を使って設計されていることだった。「三平方の定理」で知られるピタゴラスは「自然現象には、合理的な配列と連鎖と法則があり、その関係は、数の比であらわすことができる」と考え、「万物の根源は数である」と想定した。そして、数の比をもちいて「美」をあらわそうと考え、長さが違う弦の音の調和で「美しい音色」を表現した。このような数の比（比例）の概念は、宇宙の根本原理をも理解できるとされ、哲学を通じ、幾何学や天文学、さらには芸術にまで応用された。

数の比がどうして「美」につながるかというと、このことばを英語に訳すとわかりやすい。「プロポーション」つまり、釣り合い、調和、均整というもので、それが良いということが、「美しい」ということになる。

イシゴニスがミニを開発する直前、ジアコーサ博士も車のスタイリングについて、興味深いことを述べている。

「……芸術作品の場合と同様に、技術的にすぐれたものには常に単純さがあります。—中略— 私の考えでは、『単純なかたち』のみが、すべての他のスタイリングより長い寿命をもつことができるのであります。数十年の寿命はむろん期待すべきもありませんが、たしかに長年月にわたる生命をもつのであります。問題は『単純なかたち』の定義であって、これが非常にむずかしいのであります。次のように申し上げたらあるいはおわかりいただけるかと思います。つまり、『単純なかたち』とは、最大限の研究と努力の結果到達されるかたちであり、その性質上もっとも達成しがたいものであると。それは追求されるべき極限であり、若々しさと長い生命が両立しうるようなかたちであると。生産と

パルテノン神殿とミニ。この旅の大きな目的の一つにまずご対面。

販売の両方の見地から見て、このことが小型車にとってどれほど重要であるかは、いまさらここにくり返す必要はないとぞんじます」(『ミニ・ストーリー』ローレンス・ポメロイ著/小林彰太郎訳/二玄社刊)

ミニの実寸は、イシゴニスがモディファイしているので、スケッチどおりではないが、奇しくも、天才たちが用いた方法は同じだったことになり、「若々しさと長い生命」が両立できる「単純なかたち」を「数の比」であらわしてみると、その秘密が理解できるようだ。

フィアット・チンクエチェント、イシゴニスのスケッチ、パルテノン神殿のプラン(平面図)に共通するものを「数の比」であらわすと、1:$\sqrt{5}$となる。この$\sqrt{5}$という数字から、ジアコーサ博士のいう「若々しさと長い生命」の意味が仮定できる。

1というのは、安定した自然数で、$\sqrt{5}$は2・236…という無限に割り切れない数になる。安定した数字と、無限で永続生のある数字を幾何学的に組み合わせて、「若々しさと長い生命」という、相反するテーマを実現しているのだろうか。

ただし、イシゴニスは、ミニのシャシーを1：2という、ともに安定した「数の比」を用いて設計し、スタイリングは「安定と永遠」というコンセプトであっても、シャシーについては「安定」のみを求めて設計している。ミニ独特の、素晴らしいハンドリングの秘密は、このような幾何学的な設計からも、もたらされているのだろう。イシゴニスが「数学は大きらいだ」といっていたことは有名であるが、「幾何学はきらいだ」とは、決していっていなかった。

イシゴニスがミニを開発するきっかけをつくった当時のＢＭＣ会長サー・レナードとイシゴニスの出会いもまた、パルテノン神殿がつくられた背景に、実によく似ている。レナードとイシゴニスは、まるで、運命の糸にあやつられたかのように引き合い、ミニを生み出した。レナードとイシゴニスの関係は、パルテノン神殿をつくりだす命を下した、古代ギリシアの総督ペリクレースと、当時、もっとも偉大な芸術家であった、フェイディアスとの関係とも、非常によく似ていた。

パルテノン神殿を生み出したフェイディアスは、古代ギリシアでもっとも優れた芸術家だった。彫刻家でありながら、建築の知識も備え、絵も描けたという風変わりな人物だった。そして、ペリクレースに大抜擢され、パルテノン建造の総指揮者となっている。

イシゴニスにしても、独創的なアイデアをフリーハンドのスケッチから生み出し、建築の設計を応用して、彫刻のようなフォルムをもつミニを生み出すのだから、やはり、ちょっと風変わりなエンジニアであり、レナードによって、ミニ開発の大抜擢をうけた。

二人は不思議によく似ていた。たとえば、ミニを生み出す際、イシゴニスはクリス・キンガムやジャック・ダニエルズ、チャールズ・グリフィンといった数人のチームによって開発しているが、フェイディアスも、パルテノンをつくる際、カリクラテスとイクティノスら、数人の設計者によって生み出している。

僕はかねがね、イシゴニスはフェイディアスの生まれ変わりではないかと思っていた（後日、過去世をリーディングできる方に聞いたら、イシゴニスはフェイディアス自身ではなかったが、パルテノン神殿建築の時のグループの一人の生まれ変わりだといわれた）。イシゴニスが、自ら「霊感を受けた魔法の手」と述懐しているスケッチ能力も、前世から受け継いだものだろう。コンピューターがこれほど進化しても、伝えることができないほど、高度な意思やインスピレーションを、彼らはスケッチというもっとも単純な手段で、いとも簡単に伝えることができた。それほど、本来人間の備えていた能力というのは素晴らしいということを、ミニやパルテノン神殿は伝え続けているのだろうか。我々は、そういった能力に、そろそろ気づきはじめる時なのかもしれない。

ちなみに、ギリシアのオリュンピアで発見されたフェイディアスのアトリエ（工房）は、ミニの外寸を直方体にしたときと、ほとんど同じ、縦・横・高さの比率でつくられていた。これも、単なる偶然といえないだろう。

翌朝、両替をしようとアテネの街裏を歩いていると、いきなりポリスに指笛で呼び止められ、「こっち来い、こっち来い」と手招きされた。

《路上駐車があかんかったんやろか?》と思って近寄ると、そのポリス、にっこり笑って「ユー、ハブ、ア、クーパー」と職務質問する。

よく見ると隣には真っ赤なミニ・クーパーが置いてあり、「俺は2時に仕事が終わるから、ここに来るように。一緒に家でメシを食うぞ」と、まぁ、いやもくそもない。それでも、こういう強制連行なら大歓迎だ。

「クルマはここに停めておいても大丈夫か」と聞くと、「ポリスがＯＫだからＯＫだ。もし捕まっても、金払わなけりゃいいじゃないか」といわれると、変に納得してしまった。

彼の名は英語名でピーターというのだが（ギリシアではギリシア語の名前と英語の名前とを使い分けている）、周りの人は彼の名を覚えられず、「ミスター・クーパー」と呼んでいる。ギリシア神話のアポロンのような二枚目ポリスだ。

ピーターのアパートメントはアテネの街はずれの住宅地にある。奥さんは銀行勤めのエリートで、一人娘のアレクサンドラは、お人形さんのように可愛い。さすがにミニ好きのピーター、娘にミニ生みの親アレック・イシゴニスと同じ名前をつけるのだから恐れ入る。

昼メシはムサカというギリシア風ラザニアだ。ナス、ミートソース、マカロニの重ね焼きだが、チーズが入っていたので、チーズの苦手な僕にはちょっと辛かった。まぁ複雑きわまりない味で、どちらかというと中のものをバラバラで食べたかったが、それでも、奥さんの料理の腕前は大したもので、サラダなどは芸術的ともいえる盛りつけで出てくる。

さらにピーターの親切は続き、夕方から別荘に行くからついてこいという。日程はまだ少し余裕があったので、またもや、ピーターの世話になることにした。

2台のミニはアテネ郊外に出て、ハイウェイに入る。約80キロの道程を1時間ちょっとで駆ける。オリーブ畑を抜け、小さな村を越えると、道は砂利道となり、やがてピーターの別荘の前に出る。それにしてもでかくて立派な別荘だ。こんな豊かな生活は、日本じゃあまり考えられない。

とりあえずピーターと村に買い出しに行かけた。僕のミニをピーターが運転したのだが、右ハンドル初体験のピーターはごきげんそのもの。人のミニだと思って、舗装してない道を、豪快に砂煙をあげて村に向かう。底をガンガン打とうが、おかまいなし。

夕食はベランダでろうそくの灯の中でいただいた。オリーブオイルをたっぷりつかったサラダは本当においしく、旅行中は生野菜が食べにくいからほっとする。イギリスを出発してから、食事は一人で食べるばっかりだったからありがたい。昨日まで見も知らずだった僕にここまで親切にしてくれるのだから、ミニというクルマは、ほんとうに不思議なクルマである。

アテネに戻ってからも、彼の世話になり、時々警察署の二階で寝ていた。夜勤の友はコーク・ハイだ。飲酒運転でパトロールカーを運転するのだろうか。

何日かピーターの家や警察署の二階でやっかいになった。そんな時、ピーターがミニのおもしろい話をしてくれた。

「おれがかつて軍隊にいたころ、大統領の側近だった先輩兵士から聞いたのだが、一人の少年が、大統領を訪ねてきて『世界で一番素晴らしいクルマをつくって見せるから、力を貸してほしい』といってきた。もちろん大統領は無視したが、少年は何度も何度も嘆願した。その少年の名がイシゴニスだった。もちろん、あのイシゴニスだ」

確かにイシゴニスは、少年時代にギリシアに立ち寄っている可能性はある。アクロポリスのパルテノン神殿にも行ったかもしれない。少年時代からイシゴニスには、後のミニにつながるような強烈なインスピレーションが宿っていたのだろう。いや、イシゴニスを産んだ母にも、すでに、そんなインスピレーションが宿っていたかもしれない。イシゴニスのフルネームであるアレクサンダー・コンスタンチン・アーノルド・イシゴニスの名前は、古代ギリシアの英雄アレクサンダー大王と、地中海を征服したローマ帝国の皇帝で、首都をコンスタンチノープル（現在のイスタンブール）に移し、キリスト教を認めたコンスタンティヌス帝からとって与えていることからも、いかに、強い運命を感じていたかがうかがえる。

ピーターは神妙な顔で続けた。

羊の列とミニ。アフリカに渡って、ラクダの群と出会うのが待ち遠しい。

「君が信頼できる人間だから話したことだ、イギリス人にこんな話をしてもまったく信用してくれなかった。でも、先輩兵士は嘘をつくような人ではない。君がこのことを伝えてくれ……」

大英博物館でギリシアのコインをくれた彼が「きっといいことがあるさ」といってくれたのは、このことだったのかもしれない。

かつてのコンスタンチノープルであるイスタンブール、そしてイシゴニスの生まれ故郷だったスミルナ（現在のイズミール）に向けて、ピーターのクーパーに見送られ、夜明け前のアテネを出発した。

イスラム圏へ

朝焼けに染まる山々を眺め、トラックを何台も何台も抜きながら走った。アテネからイスタンブールまでは、およそ１２００キロ。テッサロニキ、アレクサンドロポリスを抜け、２日の走行となる。羊の群に道を遮られる。もちろん羊優先だ。

トルコ国境へと着いた。国境のギリシア側では、ミニを見かけた若いギリシア兵が、にっこりと微笑み、手を振って見送ってくれる。そして、いよいよトルコへの入国審査となった。

ほとんどフリーパスのヨーロッパに比べ、宗教が異なり、燐国のギリシアと敵対しているトルコ入国には手間がかかる。ここで初めてクルマの一時通関に、カルネという書類が必要となる。クルマの通関窓口の長い行列に加わり、いくつものスタンプと訊問を受けなければならない。係官は、チャイ（紅茶の甘いやつ）を片手にマイペースに、不審な人物や武器の持ち込みのチェックもしているが、僕には、たくさんの役人がメシを食えるように枝分かれしたシステムにしか見えない。

あらゆる窓口に顔を突っ込んで「これでいいのか」と確認し、ようやく審査が終わったと思ってゲートに行ったら、スタンプがひとつ足らなかったらしく、また行列に加わらなくてはならない。

「スタンプが足らないじゃないか」と係官にいうと、ちらっとこちらを見ただけで、無造作にスタンプを押し、書類を面倒くさそうに返してくる。うんざりしながらも、３時間後にようやく国境を越えることができた。国境でのトルコ兵は、横目にちらりとこちらを見ただけで、冷たく、そして厳しい表情のまま、遠くに視線を投げかけていた。

とにかく、トルコとギリシアは仲が悪い。露骨に相手を野蛮人扱いするし、通貨の単位も極端に変わる。えげつないインフレのトルコは、ちょっと両替をするだけで何百万トルコ・リラという札束を渡される。金持ちになったと感じるか、ビビッて悩める子羊になるかはその人次第。

そのインフレと変わらないほど、膨大なのが、クルマのクラクションとパッシング。一気に人口が増え、700万人を越えるイスタンブールでは、急速な経済発展により、クルマの大渋滞がおこり、信号が変わると、コンマ何秒遅れただけでプップー、パシパシとやられる。5台ぐらい後ろから一斉にやられるからたまらず、生まれて初めてイスラム教の国に来て、とにかく驚いたのは、男どものこの集団ヒステリー的な運転（女性ドライバーは絶無）で、いくら大阪でもここまでやらない。

おまけに、右ハンドルのクルマなど見たこともない彼らは、手の届くような窓から、熱い視線でこちらを凝視してくれるので、渋滞中は片時も落ち着かない。さらに難儀なことに、道のデコボコで、エンジンの自動停止スイッチがはたらき、あっという間に人垣ができてしまった。助けたいのか、ただの野次馬なのか、とにかく、いきなり押そうとする人、ガス欠だろうと叫ぶ人、仲間全員呼びつける人と黒山の人だかりの大騒ぎ。ボンネットを開けてスイッチを復旧するだけでエンジンが復活すると、なんと拍手喝采。恥ずかしいことこの上ない。あとでガソリンスタンドに行ったら、きっちりと噂は伝わっていた。

チャイ売りおやじの名人芸

イスタンブールでの最大の楽しみはというと、食べ物につきる。焼きトウモロコシがあればスイカもある。それも、縞のあるまっ赤っ赤のやつだ。路地裏の食堂にはピラフもどきのご飯もある。

ところが、そんなものすべて駆逐してしまうぐらいうまいものがあった。なんのことはない。サバの塩焼きをはさんだサンドイッチだ。トマトと青トウのほどよいアクセントもいい。

ガラタ橋のたもとにつながれた船で、民族衣装をまとった男どもが、配給でもするかのように次々とさばく。船は大揺れに揺れるのだが、足もとがふらつくこともなく、リズム感よろしくサバをひっくり返していく。サバの塩かげんはもとより、パンの味も絶品だ。ヨーロッパとアジアの混ざり合わせは、どんな文化財よりも、このサバサンドから感じることができた。

ここで、チャイにまつわる話をひとつ。イスタンブールの旧市街は、どこからともなく派手な格好のチャイ売りおやじがでてくる。

「エ〜、チャイ、チャイ」てな感じで売っていくのだが、普通はお盆にのったチャイ約20杯売るのに、だいたい30分ぐらいかかる。

ところが、ここにチャイ売り名人のおやじがいた。おやじは、恰幅は良いがおせじにも、きれいな格好はしていない。お盆いっぱいにチャイをもって、ふらりと通りに出てくると、ゆったりとあたりを見渡し、スーと息を吸い込む。そして、刀の居合い抜きよろしく「チャァイ！」と大きく叫ぶ。すると、一瞬あたりの時間が止まり、人々がおやじの方を見たとたん、おもしろいようにチャイが売れる。なるほど、名人とはこういうもんかと思っていると、再び間合を確かめ、少し小さめに「チャイ、チャイ」と、今度はうながすように声をかける。まるで催眠術にでもかかったように、人々はチャイ

アヤ・ソフィア。もともとはキリスト教（ギリシア正教）の教会だったが、
オスマン・トルコ以降はモスクとして使われた。現在は博物館。

を求め、たったふた声で、チャイ全部を売ってしまった。おやじは、にっこりと、周囲を見渡したあと、悠々と引き上げていき、雑踏は何事もなかったかのように、元どおりになっている。一瞬の出来事だったが、いやはや大したもんだ。

イスラム圏で面倒なのは、何を買うのも値段交渉をすることである。さすがに、ガソリンは、ちゃんと価格が表示されているが、街の食堂でも、うっかりすると「あれっ」という値段になる。これを防ぐには、まず店に入り、あたりを見渡して、うまそうに食べている連中に「それいくら」って聞く。こうなると「友だち」関係が生まれ、現地価格となり、同じものを頼むか、即席の友だちに頼んでもらう。たとえ、食べたいものが別にあっても、「相場」がわかっているから失敗は少ない。

「どうして値段が違うんだ」一度、親しくなったトルコ人に聞いてみた。

「同じ値段だったら、血縁の者や友だちに失礼じゃないか。おまけに異教徒なんだぜ、お前は……」

なるほどと思ってあきらめていてはいけない。安くなっていくほど、トルコ人と親しくなっているのだから、あせらず、がんばってみる。そうなると、駆け引きが楽しくなり、下町や路地裏に入り込める。たまにはクルマを置いて歩くのもいいものだ。イスタンブールの路地裏迷宮奥のモノの値段は、深く謎めいていた。

イシゴニスの故郷

ドイツ・フランス・アメリカ・日本と、クルマも雑多なイスタンブールだが、ミニは1台も見かけなかった。それならばと、イシゴニスの生まれたイズミール（ギリシア領の時代はスミルナ）に向かった。

ミニ生みの親、アレック・イシゴニスの故郷イズミールは、トルコにしてはちょっとヨーロッパ的な街並み。イシゴニスが生まれた頃にはスミルナと呼ばれ、ギリシア人が多く住む街だった。

古代ギリシアの時代、このあたりは、イオニア地方と呼ばれた。古代ギリシア文明の発祥地として、数多くの哲学者や賢人を出した地方でもあった。そして、日本に通じるシルクロードの源流だった。少し南にはアフロディシアスというアプロディーテ（ヴィーナス）の神殿遺跡も残されている。

「彼の能力は、彼の生地ギリシアの数々の建築学上の宝物から、若い頃に感じとったものに起因して

イシゴニスの故郷イズミールに着いてクルマから降りたとたんに囲まれ、
ミニのオーナーと出会った。

いるのだ」

　そういわれるように、イシゴニスの能力は生地と複雑な関係があった。イズミール近郊には古代ギリシアの遺跡も多く残っている。そして、一家は祖父の代からの船舶用の機械会社を営んでおり、イシゴニスはエンジニアとしての血も受け継いでいた。

　右も左もわからずに走ると、偶然にも自動車修理工場のかたまっているところに出た。クルマから降り、あたりを撮影して振り返ると、もうミニに人だかりができている。その中の一人から、声をかけられた。

「俺はミニを持っている。あとひとつ仕事をしたら終わるからついておいで」

　なんという幸運だろうか。イシゴニスのお導きだったのかもしれない。とりあえず、小さな自動車修理工場について行った。

僕が運転し、彼が助手席に座るが、路地を抜けるとき、「お前は運転。俺はクラクション」と、ハンドル横の、クラクションを「パパパパパ〜」と鳴らし続けている。まるで、そこどけ、そこどけといわんばかりに、けたたましく鳴らす。おまけに、ラジオはトルコ音楽のフルボリュームだ。

「こりゃぁ、愉快だ」

「そうか、これがトルコだ。気に入ったか」

楽しそうにクラクションを鳴らし続けて路地裏を駆け抜け、オンボロ工場に着いた。まぁ僕のミニを見るなり、小さな子どもから大人まで集まってくる。とうとう工場中の人に囲まれた。みんなミニが大好きなんだ。

どこからともなくチャイが出てきて、誰かが相手になってくれる。実はこのとき初めてチャイを飲んだ。水は片時も手放さなかったが、チャイは飲むきっかけが無かった。これがまた抜群にうまい。「いける」というと、次々におかわりが出る。こんなことなら、もっと早く飲んでいればよかった。それぐらい、このチャイはうまかった。

工場では大人も子どももバタバタと働いている。裸足の子どもたちは油にまみれ、ほかの子どもの面倒を見ながら、大人たちの手伝いをする。この子たちは学校に行ってるのだろうか。日本のようにイジメで悩む子どもたちのことを思えば、大人と子どもは、もっと接していないといけないと思った。先進国から学ぶことも多いが、トルコの子どもたちを見ていると、学ぶことは知識だけでないことが

まさに天然記念物状態のレアもののマークIミニ。

ミニ・コパー？　ミニなら、間違いもかわいらしさのうち。

よくわかる。

その夜は出会った彼の家に泊めてもらい、翌日に、貴重なミニを2台も見せてもらうことができた。1台はエンジンのオーバーホール中の古いマークI。黒のボディに赤のアクセントをつけたもの。そして、もう1台はオープンに改造したミニ・コパー?だ。ミニ・クーパーとシールを別注したらしいが、ＣＯＯＰＥＲのＯが抜けてＣＯＰＥＲとなっているから面白い。

以前はトルコにもけっこうミニは走っていたらしいが、英国からの部品に高い税金がかかるせいで、討ち死にし、絶滅に近い状態だった。

そんなトルコで、よくまぁミニと出会えたものだ。

いよいよトルコともお別れだ。

エーゲ海をはさんで、対岸のギリシアに向かいたいが、トルコとギリシアは仲が悪く、アテネまで直行のフェリーは無い。一旦すぐ向かいのサモス島に行って、ギリシアの船に乗り換えなければならない。それでも通関手続きも含めて90ドルもとられるのだからたまったもんじゃない。といっても、他にルートが無く、親子で経営しているエージェントのドラ息子に文句をいっていたら、そのうち、そいつが、「おやじのＢＭＷと、そのミニを換えてくれ」といい出した。

冗談じゃない。別のクルマで帰ったら、一時輸出の手続きしかしていないので、どんな税金がかかるかわからない。

てっきり、この豪華船に乗るんだと期待したのだが……。

「おまえ、BMWだぞ。わかっているのか、こんなにいい話がわかんないのか」

ニヤニヤ笑って交渉を進めてくる。ドラ息子特有の高圧的なねだり方だ。まぁそれでも、育ちがいいのか、品の悪いやつではない。船は明日の朝の出発なので、いい宿といい食堂を紹介してくれと頼んだら、「オイ」っとあごをしゃくって、従業員に案内させてくれた。

翌朝は、手続きの悪さを考え、早めにフェリー乗り場に行った。目の前の島に行くのに90ドル払ったんだから、さぞや立派なフェリーに乗せてもらえるのだろう。そう思って港に行ったら、えらく豪華な船が泊まっている。早く乗りたいが、どう通関手続きをしていいかわからない。そこへサングラスにパンチパーマ、品のないヒゲのやさ男が近寄ってきた。見るからにチンピラ風のやつだ。そいつが窓

をたたいて、

「パスポート」なんて言うものだから、しらん顔をしていたら、怒った声で、

「ヘイ　パスポート　チケット」と怒鳴る。しぶしぶ見せると、そいつは黙ってパスポートを持っていこうとする。追いかけて行ったら、

「税関だ！」と怒鳴られた。

「税関の人間だったら、税関だと言え」といい返したら、ごっそり持ったパスポートの束を見せ、にやっと笑って向こうに去っていった。

もう少し、まともなカッコで仕事しろ、なんて思ったが、まぁ、仕方ない。それでも、相変わらず通関はてこずる。おまけにギリシアから来たスタンプがあるからなおさらだ。外国人の中でも、僕だけが荷物のチェックまでされてしまった。

さて、いよいよ乗船となる。指示にしたがってついていくと、はしけみたいなポンポン船の前に来た。こいつであの豪華船まで行くんだと思ってクルマを乗せたら、クルマから降りろといわれる。とにかくクルマから降りてデッキに上がると、もう何人か乗船していた。まさかと思って振り返ると、かけ声もろとも5人がかりでクルマを持ち上げ、脇に寄せられてしまった。いくらミニが軽いとはいえ、それはないだろう。

たまたま乗り合わせた日本人に、この船でギリシアに行くのかと聞いたら、どうやらそうらしい。琵琶湖の遊覧船でももっとでかいのに、情けないことだ。

ところが、どっこい、こいつが快適そのもの。エーゲ海の紺碧の海をきり裂き、まっ白な波をけたてて、ギリシアへと向かう。こんなエーゲ海クルーズは、ちょっとない。小さな島のてっぺんに十字架がのっかっていると、ピタゴラスの生まれたサモス島はもう目の前だった。

ピタゴラスの島

「万物の根源は数である」といったのは、ギリシアの哲学者ピタゴラスで、そのピタゴラスの生まれたサモス島に上陸した。

スムーズに入国検査が終わり、クルマの通関チェックも、それほど心配することもない。たまたま乗り合わせた日本人3人で、サモス島に降り立った。

このサモス島は、なんにもない島だった。そのなにもない風情が良かった。山肌に貼りつくような裏街の道は、ミニでもやっと通れるかどうか。一昔前にはロバで行き来した道なのだろう。

そんなサモス島にはミニが多い。小回りが効くミニは近道にもってこいだ。この島で友だちとなった「自称医者」のにいちゃんのミニに乗せてもらったら、彼のタイヤは10インチのタイプで、12インチの僕が通れなかった裏道を抜け、軒下に座っていた女の子たちを壁にはりつけながら、壁スレスレに走っていく。窓ごしに友人にあいさつし、猫にひと声かけて走って行けるのだから、やっぱりミニは裏道向きだ。

海岸道路を走っていると、ミニ・モークが前からカッ飛んできた。ギリシアの島には、レンタルで

ミコノス島のモーク。乗ってみたかったなぁ。

きるモークが多く、真っ黒に日焼けしたカッコイイ４人組は、髪をなびかせて、走り去った。今度この島に来たら、絶対にモークを借り、まばゆい光を浴び、潮風に抱かれて、島中を走り回ってみたいと思った。

なんにもないこの島で、たった一つ特別だったのは、島中染め抜くような夕陽だった。昼間は底まで手の届くような碧い海が、詩人ホメロスの「葡萄酒色の海」と詩った琥珀色に染まる。古代の葡萄酒は赤でも白でもなくロゼだった。しかし、僕には、この夕陽の色は葡萄酒のロゼの色には見えなかった。てっきり、古代の葡萄酒というのはもっと深みのある、こんな夕陽の色かと思っていた。

ところが、ロゼの葡萄酒が入ったグラスを、ふと太陽にかざすと、不思議なことに、この夕陽に染まる海の色になった。そして、角度ひとつで色の深さが変化し、まるで、グラスの中で、夕陽が変化していくようだった。

葡萄酒を一口含むたびに、グラスの色が薄まっていく。しかし、太陽が西に傾きはじめると空の色が濃くなり、かざしているグラスに、静かに夕陽が沈んだ。「葡萄酒色の海」の謎がこれで解けた気がした。


サモス島からミコノス島へ向かうフェリーが、故障とかで、かなり遅れて着岸した。

係員の指示に従い、クルマを船に入れようとするが、誘導係のやつが、左側の窓をたたいて怒鳴っている。

「右ハンドルやから、右に来んかい（英語で）」と叫んだら、ガツンと窓をどつかれた。

「くっそー、運転しながら左に座れるかい」

ムカッ腹を立てて乗船すると、そいつがいた。一瞬、睨みあいとなったが、いきなり、笑いもせず、ごつい手で握手された。このいさぎよさが、ますます、僕をギリシアびいきにさせる。

ミコノス島に着岸する。フェリーのハッチが開き、クルマとともに、リュックを背負った大勢の若者が、闇に吸い込まれていく。岸壁に降りると、薄暗い中、宿屋の客引きとのかけあいが見られる。

僕は右も左もわからぬまま、とにかくクルマを走らせた。時折原付バイクに二人のりの男たちをみかける。これがミコノス名物のゲイたちだ。

朝を迎え、クルマから降りて防波堤から下の砂浜を見ると、なんと寝袋にくるまった男女二人が寝

マツダＴ型オート三輪とホンダ・カブ。
まるで60年代の日本にタイムスリップしたかのようなミコノス島の風景。

ている。暗くて気づかなかったが、うっかり立ちションでもしていたら、とんでもないことになっていた。

陽が昇ると、ギンギラのミコノスの風景となる。紺碧の海に真っ青な空。まぶしい白い家。絵はがきのイメージがこれほど鮮明な景色もめずらしい。おなじみの風車は、まさにミコノスそのもので、ちょこっと停まっているボロミニも、抜群のアクセントになっている。もちろん、モークも大活躍。

さっそく、アテネ行きのチケットを買いに行くが、これがなかなか大変。やっとのことで、その日の夕方のフェリーをとった。

ミコノス島からのフェリーは比較的空いていたが、ラジオをガンガン鳴らす傍迷惑なやつのおかげで寝られなかった。静かになるまで、約束だった税関のおばさんへの絵はがきを書き、ようやく寝ようとしたとき、こともあろうにアテネについてしまった。最初はアテネだと信じられなく、係官に確かめた。

「本当の本当の本当にアテネか」

「そうだから早く降りろ」

怒られてしまった。うっかりアナウンスを朝の9時と夜の9時を聞き間違えてしまい、げっそりしながらアテネに降りた。

さっそくピーターの家に電話をした。奥さんが出てきた。

「今日は夜勤だから警察署のほうにいる」

とりあえず警察暑に行くと、ピーターが夜勤をしている。ポリス仲間も喜んで迎えてくれた。クルマも警察署の前で安心だし、でっかい銃をもった護衛のポリスたちもいる。さぁぐっすり寝ようかと思ったら、先輩ポリスにつかまった。

ビデオをもっているのをピーターがしゃべったらしく、

「トルコのビデオを見せろ」とせがむ。ところが、見せたら皆がぶつぶつトルコの悪口をいって盛り上がっている。

「ストップ、ストップ」というので何かと思えば、トプカプ宮殿にはためいていたトルコの国旗をみつけたらしく、そこで画面を停止しろという。銃を構えて撃つマネをするから、冗談にしては笑えない。今度はオスマン・トルコ時代の絵画の中に、首を切られた人々の絵があった。

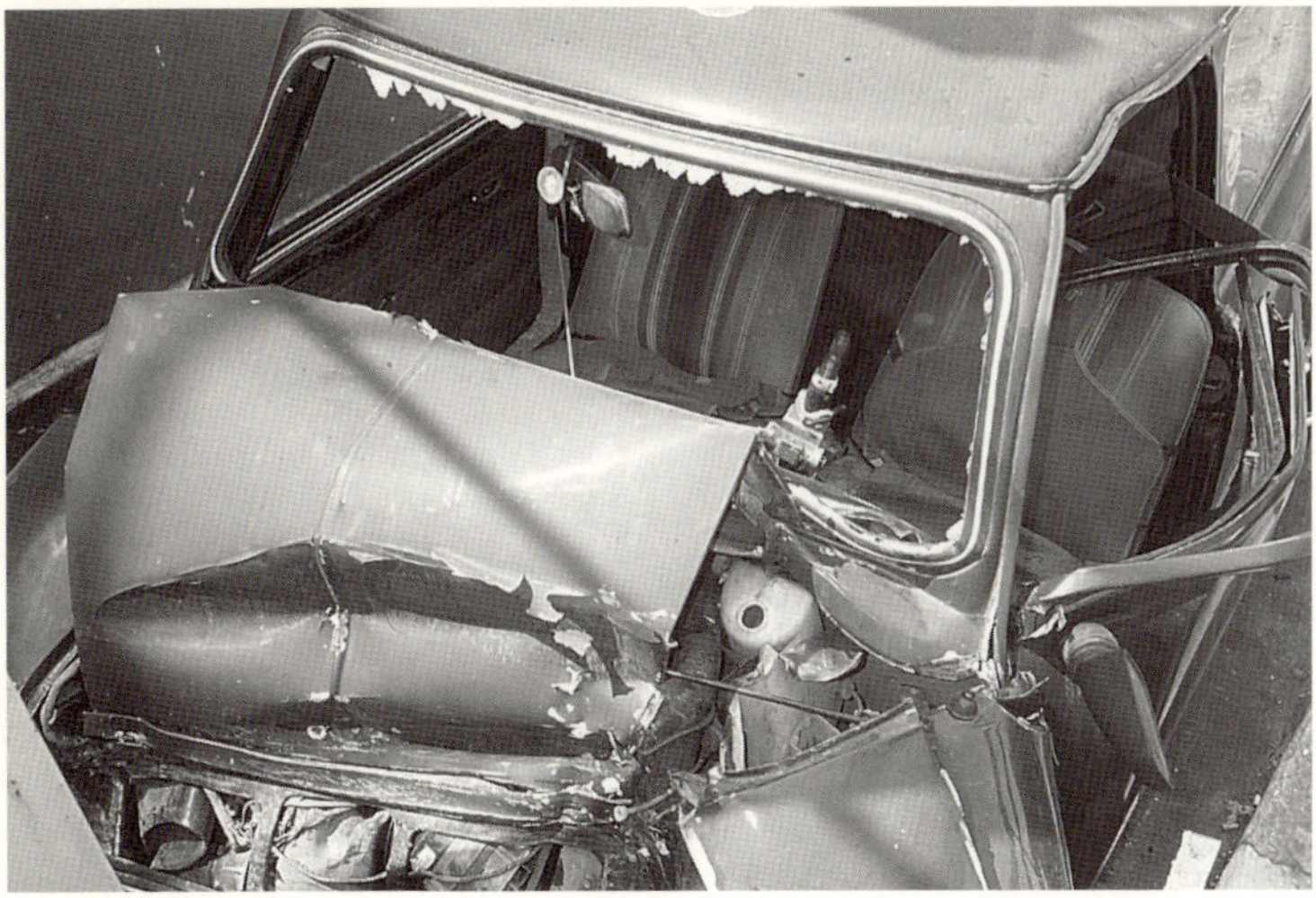

大クラッシュしたミニ。でもオーナーは無事。
ドライバーをうまくプロテクトしているのがわかる。

「お〜、グリースマン（ギリシア人）」と、悲しむまねをする。

戦争はまだまだ生々しく、人々の心に残されていた。

翌日、ピーターに連れられて、ローバー・アテネに行った。

どういうわけか、片方のライトが切れていて、その交換にパーツ・ショップに行ったのだが、同じやつがなかったので、とりあえず、応急処理だけしてもらいに行った。古いライトがあったので、間に合わせに付けてもらい、ついでにオイルの点検もしてもらったが、高速道路での走行が多かったせいもあって、もう少し様子をみることにする。このあたりでほぼ1万キロとなるが、トラブルはまったくなかった。

このローバー・アテネの社長は、相当なミニ好きで、国際ラリーに出場経験もあるという。ファクトリーには、イノチェンティ・クーパーに、マークⅡクーパーSのレストア中のものも置いてある。F1も行われないギリシアだが、アクロポリス・ラリーに代表されるようにラリーは盛んで、ミニでモンテカルロ・ラリーに遠征するチームも多かった。

作業が終わり、社長だけのファクトリーに案内してもらうと、レーシング仕様のミニがつくられていたが、それも、半端なものじゃなく、ストレート5速、フルトラ、ポート研磨、オイルクーラー装着、ヘッド交換、自作インパネ、自作タコ足などなどといった具合で、けっこう気合いが入っている。ミニのオーナーズクラブもあるらしいが、どちらかというと、ツーリングよりも、ラリーやサーキット走行が主となるクラブのようだ。その仲間の、どえらいクラッシュをしたミニを見せてもらった。いくらなんでもこれは助かっていないだろうと思ったが、ドライバーはあばら骨をちょっと折った程度だったらしく、「ミニで死んだやつはいない」という伝説は、ギリシアにも残されていた。

五、南イタリアから
アフリカへ

シチリア・トラパニの裏街。
ほんとにいい所。

イタリアの家族

ギリシアからのフェリーは、アドリア海に入り、イタリアのバーリ港へと向かう。

太陽が少し傾きはじめた頃、イタリアが見えはじめた。さっきまでデッキで寝転んでいた若者たちも、こぞってデッキに集まり、イタリアの大地を眺めている。褐色のイタリア人アベックが近くに来た。彼は彼女の肩を抱き、彼女は優しく微笑みながら、彼の瞳とイタリアの大地をかわるがわる見つめている。

誰もがイタリアに戻ったよろこびで一杯だった。誰に確かめたわけでもないが、ここにいる誰もが、故郷に戻った喜びに満ちていた。イタリアを離れ、ギリシア、トルコと巡ってきた僕も、同じ気持ちでイタリアを見ていた。ほんのひととき、イタリアから離れただけなのに、どうしてこんなに懐かしいのだろう。イタリアという国に戻ったんじゃなく、イタリアという、大きな大きな家に帰ったような気がしてならなかった。

「また来年も、いい夏が過ごせるように……」

同じ船に乗って、同じ想いを抱けた。ただそれだけで、この旅に出て良かったと思った。

ただ、この船の上にも、あのイタリアの大地にも、一緒に過ごせる恋人も家族もいないことだけが、僕にはちょっぴりつらかった。夏の終わりが、これほど寂しいものかと感じていた。

フェリーはバーリ港に着く。とにかくシチリアに向けて走るが、ひとまずターラントをめざした。ターラントは、長靴のカタチをしたイタリアの、ちょうど土踏まずのところにある街である。

夜になると、やっぱり海沿いを走る方がほっとする。左手の海岸側では、道路との間を列車が走る。寝台車をいくつもつなぎ、カタンコトンと僕を追い越していく。車窓には親子連れの姿があった。線路と道路の間にある家々からは、家族団欒の灯がもれている。そんな窓からこぼれる灯を見ると、何やら家族というものがほしくなった。

第二次世界大戦の敗戦国、イタリアは貧しかった。そんなイタリアでも、人々はこの祖国を愛した。陽気でいいかげんなイタリア。しかし、映画『鉄道員』で描かれたイタリアの家族は、貧しくとも励ましあって生きていた。僕は、そんなモノクロームのイタリア映画が大好きだ。

白と黒の陰影が、心の機微を写し出してくれるような映画。泣きたくても泣けない男の背中、涙のかわりに、そっと手を握る女のやさしさ……。切なくて悲しいシーンの奥底には、むくわれない愛が潜んでいる。

かつてのイタリアには、クルマで寝起きする貧しい夫婦もいたという。そんな夫婦を見た大監督フェリーニは、大道芸人の男と女が、オート三輪の荷台をねぐらにして旅をしていく『道』という映画をつくった。

貧しい家族の犠牲となった少女は、本能むき出しの獣のような大道芸人の男に売られ、ともに芸をしながら旅を続ける。ひどい目にあわされながらも、少女はけなげに、「私がいないと、あんたは一人ぼっち」と、男のそばにいる。ある日、男が犯す人殺しを見て、少女は気が狂ってしまうが、男は一人で逃げてしまう。やがて、男の芸が衰え、初めてその少女の愛が欲しくなった。そんなとき、男は少女に教えた曲のハミングを耳にする。この街で死んだ少女がトランペットで吹いていたメロディーだった。しかも、少女はのたれ死にだったという。男は孤独に打ちひしがれ、酒に酔い潰れ、暗い砂浜に突っ伏して泣く。

きれいごとではない現実の中、人々は希望をもって生きる。しかし、幸福に生きることのできない人間の悲劇は、いつでも、どこにでもおきる。神を信じ、愛されていると思う者だけでなく、神を信じない者にも、神の声が届くという、矛盾に満ちた神の救いを教えてくれる映画……。古いイタリア映画には、そんなストーリーが多い。「人間とはこうも悲しいものなのか」フェリーニの映画は、そう問いかける。道は人が出会うところだが、だれもが幸せになるとは限らない。出会いが幸せを生み出せるとも限らないし、出会いが悲しみを生むこともある。けれども、その悲しみに気づいたとき、神は教えてくれる。失ったものの大きさが、愛の深さだったと……。

イタリアは貧しかった。その貧しさがイタリアの人間くささを生んだ。僕は古代ローマの遺跡や、ルネッサンスの遺物よりも、そんな人間じみたイタリアに魅かれた。人々は貧しさから解き放たれたが、当時と変わらない道は、まだイタリアに残されている。

ゆったりとラジオからギターが奏でる曲が流れる。もの悲しいメロディーだ。その時、僕は写真でしか会ったことのない、片想いの人がいた。僕の旅は、どうやら、いつも一枚の写真からはじまるらしい。クルマを停めて、ぼんやりと海を眺めていたが、とにかくこの道を走るしかない、この道がいつしか一本の道になるように願い、今夜は走れるところまで走ろうと思った。

イタリア半島のつま先にある堤防で野宿し、翌朝シチリアに渡る小さなフェリーに乗った。メッシーナ海峡は、行く手をはばむかのように、激しい潮の流れが渦巻いている。それでも、ポンポン船のようなフェリーで、あっという間に、マフィアの故郷シチリア島に着いた。

古いマークⅠクーパーが置いてあった。イノチェンティ・ブランドだが、センターメーター仕様となっている。塗装は錆びが浮いていたが、メッキ部分は、シチリアの強い日ざしにキラリと輝いている。少し走ると、海岸べりに錆びきったミニの廃車体も見つかった。ドアヒンジのあるタイプで、ライトやエンジンは剥ぎ取られているが、廃車のボロボロでもミニだとわかる。イギリスからまっすぐシチリアに運ばれたのだろうか。それとも、どこかの街から売り飛ばされてここに来たのだろうか。僕はこのクルマが何人もの主人の手を経て、この島に来たような気がしてならなかった。ローマかどこかの金持ちが道楽で手に入れ、飽きたからといってナポリに売り飛ばし、借金のカタでシチリアに流れついた。そして、この海辺で最期を迎えたのだなどと、そんな勝手な想像をしてしまった。それでも、スクラップにならずこんな海辺にころがっているだけでも、このミニは幸せなのだろう。

シチリアに限らず、南イタリアは征服合戦の地だった。ごちゃまぜの民族が生きるには、国とかそんなものではなく、家族だけが頼りだった。もちろん、マフィアも例外ではない。

ゴッドファーザーのドンの名前「コルレオーネ」は、パレルモの南にある農村の名前からとられた。かつて、パレルモのマフィアとコルレオーネのマフィアの間で、麻薬の抗争がおこり、シチリアに血の雨が降ったという。

マフィアの故郷パレルモは、まわり中マフィアだらけかと思っていたらそんなことはなく、いかにものどかな田舎の街といった感じだ。それでも、危険地帯は昼間でもひとり歩きは止めたほうがいいらしく、ほんの20年前までは、ヘロイン精製の中心地として栄え、殺し屋もゴロゴロしていたらしい。

ガイドブックには、パレルモからチュニジア行きのフェリーが出ていると書かれていたが、ポリスに聞くと、少し先のトラパニからしかフェリーは出ない。ただ、このマフィアの故郷の街並みが手付かずのボロボロで、ちょうどボロミニと同じようにヤレていて、その雰囲気があまりによかったので、すこしぶらぶらした。

フィアットのチンクエチェントが、バラバラバラと、けたたましく突っ走っていく。それも、あの小さなクルマに大人が5人乗っていることがあるのだから呆れる。アクセル全開で、石畳のコーナーを駆け抜けていくが、ポリスも何ともいわない。これも、やっぱりイタリアだ。

スラムの奥は、いくらミニが小回りがきくといえども、入るのにはためらった。それでも、カラッと晴れたパレルモの街は、ヨーロッパとアラブが入り交じった素敵なたたずまいだった。ミニも驚くほどたくさん走っており、ゆっくりしたかったが、フェリーの出港日がわからなかったので、残念ながらトラパニへと急いだ。

情けないことに木曜日に着いた僕は月曜日まで船待ちをしなければならなかった。がっかりしながら、柄の悪そうなガソリン・スタンドのサングラスにいちゃんに、安ホテルを聞いたら、これがえら

毎日食べに行ったサンドイッチ屋さん。とにかく行くと大騒ぎになる。

く親切で、わかりやすく地図まで書いてきれいなペンショーネを紹介してくれた。

　さて、晩めしにといさんで出かけたが、ブティックはあっても食いもん屋の無いこと無いこと、駅に行っても、駅前食堂は無いし、ファーストフードの店も無い。食事というのは、家でするものと相場はきまっているらしい。歩きまわってようやく、好きな具を選べる小さなサンドイッチ屋さんを見つけた。それからはフェリーが出発するまで、昼、夜とここで食事をし、おかあちゃんたちとは大の仲よしになった。

　店はおかあちゃん、おとうちゃん、そして、ふたりの息子できりもりされている。長男のにいちゃんは、船乗りだったらしく、少しだけ英語が話せる。おかあちゃんは、まったく英語はできないが、どういうわけかえらく気が合って、いつも二人で大騒ぎをしていた。

ある時、「おかあちゃんとおっちゃんをビデオにとったげる」といって構えたら、あらま、おっちゃんが、いきなり、おかあちゃんに、ブチューとキスをした。まぁなんと息子たちの前でやってのける陽気さのすがすがしいこと。

帰りがけ、おかあちゃんは僕にも別れのキスをしよう?としてくれたのだが、酔っぱらいの僕は、大和魂で受けてたたなくてはいけないと思いきや、目の前で両頬にキスされた。ああ、なんという勘違いだろうか。おかあちゃんにさとられなかったらよかったのだが……。翌日の出発前、最後の晩ご飯に行ったら、帰りに、「ホッペタだよ」って合図されて、別れのキスをしてくれた。やっぱりバレてたんだ。でっかいスーパーや百貨店なんか無いから、シチリアでは、こんなほほえましい親子の店がなりたっている。

「ここはシチリア。とにかく最高の街シチリアなんだ。イタリアじゃないんだよ」

おかあちゃんの大声が、パンの味を、いっそう、うまいものに感じさせた。

北アフリカとミニ・クーパー

《苛酷な砂漠で生きる人たちとは、いったいどんな人々なんだろう。そんなところにも、ミニはいるのだろうか……》
日本では、まるで見当もつかない人たちと会いに、北アフリカのチュニジアに向かった。

フェリー乗り場に着き、出国手続きをするが、さすがイタリア、いともあっさり手続きが終わった。さっそく乗船待ちのクルマの列に加わるが、天井にまで荷物を満載したクルマが多い。詰め込んだ荷物が多すぎて一度開けたら閉まらないようなライトバンまでいて、ヒゲをはやしたアラブのおやじさんは、必死になって、ひと抱えもあるような荷物を押し込んでいる。

クルマを船内に停め、デッキに出ると、出港予定の時刻となった。エンジンの音が頼もしく響き、懐かしい油のにおいとともに、潮風が心地よい。

デッキから街を眺めていたら、アラブ人二人が、どでかい荷物を天井にしばりつけたクルマで駆けつけてきた。残念ながらチケットが買えなかったようで、係官を拝みたおしている。アラブの人は熱心なイスラム教徒なのに、十字をきってアーメンと唱え、両手をあわせてナンマイダと合掌するが、サングラスの係官は首を横に振るのみ。ワイロを出そうが、天を仰ごうが、係官は冷たくあしらう。とうとう彼らはフェリーに乗れなかった。いったい1週間どうして過ごしたのだろうか。

ともかく僕はアフリカ大陸に渡った。チュニス港に着き、船から下りた。

ところが、税関でとんでもない目にあった。なにしろ、窓口とスタンプが多い。まるで、すごろくをやっているようなもので、すぐにふりだしに戻る。それも、先々での～んびりと、大したことのない質問が繰り返されるのでいやになる。

「日本のどこから来た。ヒロシマかナガサキか？　なに、キヨト？　どこだその街は、あん、キヨウト、キョウト？　聞いたこともないな。本当に日本人なのか。キヨトは何がうまい。女は美しいか。

あのクルマはお前のか……」

まともに受け応えしていたら、何時間かかるか見当もつかない。ともかく、イスラムの血族主義のために役人の数が増えたせいか、20以上のスタンプが必要だ。それでも、国境審査が終わったときは、パスポートに2つのスタンプと、ぺらぺらの通行許可証1枚だけなのだから、何のための審査だったのかと首をひねる。夜になってようやく首都チュニスに着いた。

1959年の地中海一周のときも、アラブの手続きの繁雑さに手を焼いたという。チュニジアからアルジェリアに向かうときも、アルジェリアでの紛争のおかげで、陸路で国境を越えることができなかった。

当時の北アフリカは、今よりもフランスの植民地支配の影響が強かったので、フランス系のモーリス・ディラーから手をまわし、小型飛行機がチャーターされた。そして、飛行機の座席を一部とっぱらって、ミニを手で押して積み込み、空路で国境を越えたことが記されている。この時、二人のドライバーを助けたフランス人のアンドレ・ゲイラードは後にパリに引退するが、最初に輸入されたミニを購入するほど、ミニの虜となってしまったという。

今回もアルジェリアの内紛で、陸路で国境を通過することができなかった。仕方なく、一旦ヨーロッパに戻って、モロッコに向かうルートをとることにした。

港から市内までの道は舗装されたバイパスが通じ、意外にもチュニスは大都会だった。フランス植民地時代の名残りだろうか、大きいホテルも多い。しかし、いつものように、安宿を捜しにダウンタ

チュニスの街中で見かけたミニ。アラビア文字のナンバーにご注目。

ウンを走り回った。困ったことに、なかなか空き部屋が無く、メディナと呼ばれる旧市街のはずれで、ようやく一軒見つかった。日本円で600円程度。クルマはもちろん路上駐車で、シャワーなんかない。トイレは各階にあるが、アラブではあたりまえのように紙はない。便器の横にホースがあってこれでおしりを洗うのだが、困ったことに、僕はその風習にだけは、なじめなかった。

チュニジア人の運転マナーは、そんなにけたたましくも悪くもない。おだやかな流れで安心する。同じイスラム圏でも、トルコのようなヒステリックなクラクションなどなく、横着な走りをするクルマはない。ただ、タクシーにゴチンと追突されたとき、

「当たっていない、手前に停まって、これだ

け空いていた」

そんな嘘をつかれたときは、カチンときて、

「嘘をつくな、なんなら、今すぐポリスのところに行こう」なんて一悶着おこしていたら、すぐに人だかりができ、その中の一人が手でゴシゴシとバンパーをこすり、

「ノー・プロブレム、ノー・プロブレム」で終わり。うまいこと証拠隠滅をされたので、仕方なく無罪放免とした。1万2000キロ走ってこれが初めての事故だった。

まさかアラブ圏にミニなどいないだろう思っていたら、驚いたことに、ちょこちょこ見かける。ヘッドライトがイエロー・バルブで、フランスから持ち込まれたやつだ。さすがに10年以上も前のデコボコミニばかり。錆びついていようが、手でベタベタとペイントしていようがおかまいなし。それでも、元気にチョロチョロ走っている。オーナーズ・クラブまでは無いようだが、下駄グルマの一つとして、この暑さの中でも、けっこう丈夫に活躍していた。

脱出計画コンナンキワマレリ

チュニジアに来たはいいが、まずやらなければならないのは、とにもかくにも、脱出のだんどりである。予想通りというか、チュニジアから出るだんどりは大変だった。

着いてすぐ右も左もわからない街で、フランスへ向かうフェリーのエージェントを捜すことは手のかかることだ。こういう時は、航空会社のようなしっかりしたエージェントが頼りになる。フランス

安宿からの眺め。コーランの声が響く。
初めてミニがこの地を訪れた時と、何ら変わらないだろう。

人女性はテキパキと道順を紙にかいてくれ、すぐさま、たった一軒しかないフェリーのエージェントが見つかった。

ところが、このエージェントは、あったらあったで、満員の順番待ち。ようやく順番がまわってきたら、たまたま、フランス人の横柄なおばはんにあたった。いかにも馬鹿にしたように、あからさまに失敗させようとする。こちらが何も知らないとわかっていながら、手続きの説明すらしない。あまり多くチュニジア紙幣に両替してなかったので、クレジット・カードを使えるか訊ねただけで、

「カードなんか、使えるわけないわよ。ここじゃ常識よ。はい次の方」とくる。

とにかくその言い方が憎たらしい。とりあえず銀行へ行くとまた長蛇の列。ようやく両替を済ませ、一から並んで窓口にくると、

「あら、銀行でチケット購入の書類をもらってきてないのね。これじゃ、だめね」と突き放し、またもや「はい、次の方」となる。

はじめっから銀行でチケット購入の書類なかもらってくることができないのが計算づくだ。銀行に行くとわかっていても、そういう手続きがいるということを教えて、親切にする気などさらさらない。横にいた中国人学生もうんざりしていた。

「なるほど、これが差別か」そう思うとむしょうに腹が立ってきて、

「ちょっと待て、おばはん」そう、日本語でいったら、そういうことは通じるみたいで、余計かたくなに手で払いのけて、

「帰れ、帰れ」と怒鳴る。仕方なく

「どうしたらいいんだ」とつくり笑顔でいうと、めんどうくささを顔と全身であらわしながら、やっぱり、ほったらかし。何度詰め寄ってもダメ。

「いいかげんにしろ」と騒いでいたら、案内係のおやじが引きずり出そうとする。こういうときは、押しのきく関西弁に限る。まわりに人を寄せ付けないように怒鳴るぐらいの抗議が効く。エージェント中巻き込んで大騒ぎしてすったもんだの末、ようやく、

「この書類を銀行に持っていけ」と、紙きれ一枚渡された。銀行に行くとわかっていたのだから、さっき渡してくれていたら済むことなのに……。

ほかにエージェントがないからいたしかたないが、銀行へ行けば、窓口は時間きっかりに閉まり、

おまけに自動両替機は故障して散々だ。こうして一日が過ぎ、また難儀な交渉を繰りかえすために、エージェントに行った。

「あらっ、昨日は待っていたのにどうしたの」と、しっかりと嫌味までいわれる始末。さらに困ったことに、今度はフェリーが満員で2週間先まで予約が入らない。考えている間もなく、

「はい、次の方」とにべもない。

一旦引き下がってもう一度番号カードをとって、今度は意地悪いおばはんに怒鳴られようが、コンコン机を叩かれようが、完全に無視して、もう一人の親切そうなアラブのおばちゃんのほうに行った。案の定、おばちゃんは親切で、ていねいな英語で説明してくれ、キャンセル待ちをすれば必ず乗れると教えてくれた。意地の悪い方のフランスおばはんは、こちらを鬼のような顔でにらみつけているが、へたに逆らって親切なおばさんがあとで意地悪されないようにと、知らん顔をしていた。

「なるほど、こんな小さな差別でも、血みどろの戦いがおこるもんだよなぁ」と、変なかたちで人種差別というものを、少しだけ理解できた。それほど、フランスおばはんの心の根っ子には、やり返さなくてはならないほどの憎悪が渦巻いているのかもしれないと思うと、それはそれで、気の毒なことかとも思えた。

ようやくフェリーのチケットが手に入ったのはチュニジアに来て4日目のことだった。そして、いよいよ、砂漠の民に会いに、サハラ砂漠に向けて出発した。

砂漠をぶっ飛ばす。気持ちイイ～。

都心部のハイウェイは大都会そのもののチュニスだが、街から10キロも走れば砂漠が広がる。ただし、砂漠といっても石ころやサボテンの生える荒れ地で、砂丘のあるような美しい大地ではない。道は砂漠を突っ切るように、まっすぐに南に延びており、時速120キロ巡航で突っ走るが、時折トレーラーや、すし詰め乗り合いタクシーに追いつくぐらいでガラ空き。それでも事故は起こるもので、ぐしゃぐしゃになったクルマに人が群がっていた。

突然、警官に停められた。無視して行ってやろうかと思ったが、笛を吹いて走ってくる。自動小銃を持っているので、とにかく停まることにした。いったい何かと思えばジロジロ見回し、「ウ～ン、ナイス・カー。オッケー、レッツ・ゴー」と、まぁ何の用もない。困ったものだ。

少し走ると、またしても警官二人に停められた。今度はスピード違反らしい。何を根拠に違反というのか説明もなく、ただ罰金を払えという。冗談じゃない。レーダーもなければ、目視で違反だというのだからとんでもない。

「先に、ポリスの証明書を見せろ」と粘っていたら、二人は何やら相談し「行け」といわれた。彼らのアルバイトだったのだろうか。ともかく、押しは強いにこしたことはない。

ちょっと横道にそれて、砂漠のダートを走ってみると、これが楽しいのなんの、ラリーでミニが速いのが実によくわかる。シャシー・バランスは抜群だ。なんていってたら、うっかりスタックして動けなくなってしまった。たまたま通りかかったトラックのおじさんに助けてもらったが、調子にのるとロクなことはない。

チュニスから6時間ほど走り、ようやく、砂漠の原住民であるベルベル人の村マトマタに近づいた。太古の時代から、北アフリカの温暖なところに住んでいたベルベル人は、あらゆる民族に支配されながらも、砂漠で生き抜いてきた誇り高き民族だ。

「独自の生活習慣を大切に、ひっそりと暮らしているのだろうな」なんて、ワクワクしてくる。ところが、村の入口には「ウェルカム・マトマタ」なんて山に記してあり、悪い予感がしたら、案の定、一大観光地となっていて、素朴さなんてカケラもない。よく聞けばその昔『スターウォーズ』のロケもこのあたりで行われていたらしい。

とにかく名物?の穴ぐらホテルを捜そうと観光局みたいなところに行ったら、珍しく金もとらずに教えてくれた。その穴ぐらホテルは、ほんとうに、土に穴を掘ってできたホテルで、小さいながらも落ち着いた空間だ。まん中の中庭から、放射状に部屋があり、シャワー室もある。夕食のクスクスもうまかった。

あたりを散歩していたら、アラブ人のボウズがあらわれ、ベルベル人の家に案内してくれるという。大した金額ではなかったので案内してもらうと、小さな穴ぐらにベルベル人の母子がいた。ボウズはずけずけと入っていくが、母親はこちらを睨みつけ、険しい表情をしている。

「フレンドリーだ」

そういったボウズのことばは、打ち砕かれ、場違いなところに来たような後ろめたさを感じる。母親が子どもに合図をすると、その子どもは、反射的に

「マネー、マネー」とくり返す。コインをひとつふたつ渡すと、

「もっと、もっと」と催促する。手を振ってもうないよというゼスチャーをすると、「フン」といって奥に入ってしまった。

ズケズケと人の生活に入り込むこちらの態度もいけないが、もうこんなところにも貨幣経済が押し寄せ、生活は金がないとできないようになっているというのは寂しかった。この家族は、その犠牲者なのだ。

あまりいい気分がしないまま、ホテルに戻った。円くくりぬかれた穴ぼこから星空が見えた。降るような砂漠の星をイメージしていたら、そんなに驚くほどでもなく、空は、こんな砂漠の村でも汚れている。この空が元どおりにならない限り、あのベルベル人の母子の心も、昔のようになることはな

いのだろう。

脱出計画サラニコンナンキワマレリ

いよいよ、チュニジア脱出の日となった。

フェリー乗り場に行き、キャンセル待ちをしようと思ったら、なんと窓口に人が殺到している。いったいどうなっているんだ。エージェントのおばさんにいわれた時間より、うんと早く来ている。それなのに、この大混乱ぶりは何だ。

人をかき分け窓口で聞くと、キャンセル待ちなんてとっくにないといわれた。どういうことだと食い下がったが、勝手に考えろといわんばかりで、話にならない。後ろからの罵声を浴びながらも、次のフェリーの出港日を聞くが、乗れるのはそのチケットに記された日だという。とんでもない、２週間先まで、テレビだけを楽しみに、待っていられるはずがない。

そうはいっても、打つ手がない。仕方なく、もう一度エージェントに行った。この日も混雑しているが、もう慣れてきた。今日はイジワルなおばはんはいない。親切だったおばさんに、事の顛末を話すと、フェリーの混雑は予想以上だったようで、奥の手としてカーゴ・シップでクルマを運び、本人は別のフェリーで行くという案を出してくれた。値段は変わらないが、手続きの変更は必要だ。カーゴ・シップの手続きができる事務所への道を書いてもらい、早速訪ねる。フェリー乗り場より、さらに遠い埠頭だった。

事務所のにいちゃんは親切で、ちゃんと書類をつくってくれた。ほっとして港湾ゲートに行きスタンプをもらおうとするが、今度は横着な係官で話にならず、手続きができない。再度事務所に戻り、にいちゃんにいうと、

「もう少し待ってくれ、仕事が終わったら何とかするから」

そう心強い返事をもらい、表で待っていた。それにしても本当にこの国から出られるのだろうか。にいちゃんはクルマに乗り込み、一緒に港湾ゲートに行った。長い交渉の末、ようやく追加の書類をもらい、なんとか手続きがおわり……かと思ったら、カーゴ・シップは明日出港なので出直せという。途方にくれていると、にいちゃんはうちに泊まれといってくれた。

本職が一緒なら安心である。今夜は、にいちゃんの世話になることにした。

彼とメディナでサンドイッチを食べたのだが、変に優しい。身体にもベタベタ触ってくるし、アイスクリームまでおごってくれる。

《もしやゲイでは……》

まさかと思ったが、家は仲間と共同生活だというから、とりあえずついていった。

にいちゃんの家は、金持ちの大きな家の離れで、男ばかり3人で暮らしていた。そのうちの一人はフェリーの発着する港湾の職員で、なお安心する。明日の朝、カーゴ・シップにクルマを乗せ、その足でフェリーに乗ればいいということだ。なんとスムーズなことだろう。友だちの下宿感覚で、ゆっくりとくつろいだ。

翌朝、にいちゃんを事務所に送り、カーゴ・シップの港湾ゲートに行ったら、昨日の横着な係官がいて、いじわるをして手続きをしてくれない。時間は迫り、とうとう腹がたってきて、事務所のドアをバンバンぶっ叩いた。何事かと偉いさんが出てきて、手続きをほかの部下にさせてくれたのだが、なんのことはない、たった紙切れ一枚にスタンプひとつのことだった。

船積みのため、奥の税関に急ぐ。ところが、税関はのんびりしてることこの上ない。またしても後回しにされる。何度も何度も窓口に懇願して、ようやく自分の番になったが、またスタンプをもらわなければならない。係官は

「日本のどこに住んでるんだ。女はきれいか……」と、またもや、くだらない質問をタバコを吹かして聞いてくる。ますますフェリーの出港時間が迫ってくる。

「早くしろ、おれは急いでるんだ」

おもいっきり怒鳴ったら、ようやく書類にスタンプ一つ押してくれた。

タイヤを鳴らし、アクセル全開フルブレーキで船積み場に着く。すぐに、おっさんたちに取り囲まれ、盗難防止装置の説明をした。もう時間はスレスレ。クルマからリュックを出し、ゲートに向かって突っ走った。

とにかくクルマをカーゴシップに乗せることができた。しかし、今度は僕自身を運ばなくてはならない。急いでフェリー乗り場に行こうとするが、タクシーがたまにしか来ず、タクシー待ちの人たち

と必死の争奪戦となった。

港湾ゲートから少しでも遠ざかろうと重いリュックを背負って突っ走る。ようやく来たタクシーにできる限り目立つように走って飛び乗り、フェリー乗り場に急いだ。およそ5キロの道が途方もなく遠く感じる。ようやく着いたとき、僕の頭は数の計算すらできないぐらい血がのぼっており、小数点のついているタクシーの読み桁がわからなくなっていた。適当に計算して、

「これでいいのか」と、お金を差し出したら
「ノーノー」といって手の中の紙幣がもぎとられた。はっきりいってそれどころではなく、たっぷりとサービス料をとられていたことには、あとで気がついた。

またもや力の限り突っ走って、窓口のある建物の前に着いた。出港に間に合ったかと思ったら、港にフェリーが停泊していない。建物の向こうは白い船体ではなく、ポカンと間の抜けた青空がひろがっていた。窓口にはだれもいない。オフィスで訊ねると、今日はフェリー出港の無い日だった。

何人も何人も確かめたのに、港で働いているやつも、今日出港だといったのに、フェリーはない。いったいどうしてこんなにいいかげんなのだろう。どうしてみんな嘘をつくんだろう……。がっくりとした。この港湾で働き、今日フェリーが出港すると教えてくれたにいちゃんのところへ行こうとして、窓口の女性に彼の所在を訊ねたら、親切に電話で問い合わせてくれたのだが、

「今日は彼は休みです」

自信たっぷりに言い放たれた。そして、さっさと自分の仕事に戻ろうとする。

栄えた末にローマにたたき潰されたカルタゴ。
残されている遺跡はローマがつくったもの。

「そんなはずがない。本人が、今日は港で働いているといった。もう一度確認してくれ」

大きな声で嘆願した。一瞬驚いたような表情から、一転して険しい目で、

「そんなにいうなら、近くにある別の事務所に行って聞いてください」と、吐き捨てるようにいわれた。仕方なく重いリュックを背負ってトボトボと歩き、事務所に行った。

「フェリーが今日出港じゃないぞ」

彼は別に悪びれもせず、

「それなら明日の朝だ。10時に出港だから、遅れないようにな」

あきれて腹もたたなかった。

それでも悪いと思ったのか、友人が泊まっている安宿に、仕事を放ったらかして連れていってくれた。

翌朝、さっさとホテルを出てフェリー乗り

場に行った。予約チケットを乗船チケットに交換し、ホッとしていたら、変な胸騒ぎがする。おかしい、このチュニジアで、こんなにスムーズにことが運ぶはずがない。よく乗船チケットを見ると、なんとジェノバ行きだった。

「マルセイユだって言っただろうが」

係のおねえさんに、少し強い口調で訴えた。決して英語が通じなかったという問題ではない。予約チケットの行き先を確認していないのだが、マルセイユ行きは夕方に出港で、こんな時間にマルセイユ行きのチケットをもってくるやつもいないようで、時間をわかっていないのは僕だけだったようだ。仕方なく重いリュックを背負って外へ出た。

残された時間で、カルタゴの遺跡に行くことにした。途中で聞いていた最寄り駅は、案の定遺跡前の駅ではないし、近くにいたポリスどもは英語が通じず、四苦八苦してようやく遺跡に着いた。やっぱりこれがチュニジアだ。

さぁ、ヨーロッパへと戻ろうと港に戻った、船の通関審査は長蛇の列。おまけに横入りするやつもいて、いっこうに進まない。やっと自分の番が近づいたと思ったら、ポリスが横入りのやつをつまみ出すついでに、僕までつまみ出した。完全にキレた僕はそいつの腕をひっぱたくと、瞬く間にガシャと自動小銃を突きつけられた。

「ちゃんと並んでいたんだぞ（英語）」

「シャラップ」のひとことでさらにブチ切れ、

「なにぬかしとんねん（日本語）」

ポリスを怒鳴りつけ、つかみかかっていった。ついに日本・チュニジア開戦となりかけたが、あわてて、別のポリスが止めに入った。それでも僕はおさまらずにポリスに反論したが、

「列はこうなってんだぞ」と馬鹿にしたようなしぐさをする。

第2ラウンド開始かと突っ掛かりかけると、後ろのオバハンはそのスキに横入りをするのだから閉口する。窓口でパスポートを出すと、その上に家族全員のやつをドサッとのせるが、さすがに係官は見破ったが、オバハンは、「チッ」と舌打ちし、こちらを睨つけてくる。

ようやく船に乗れたら、キンキラの制服を着た船員に、

「あなたはこちらです」と、皆と別の方向に行かされた。

奥に進んでみると食堂で行き止まりになっている。おかしいと思い、もう一度確認すると、やっぱり食堂で寝ろという。それも、人々が食事をしているときは寝てはダメだというからたまらない。居心地の悪いことこの上ない。夜中になってようやく人気が少なくなったが、何人かは食堂組がいる。予約した日以外のチケットで乗船した人たちはそういうことで区別されるのだろうか。さっきのオバハンは「ザマアミロ」と横目で嘲る。それでも、夜中になると、そこら中にあるイスをガラガラと引っ張ってきてで即席ベッドをつくって寝てしまった。朝になったら、もう食堂にたくさん人がいたが、面と向かって文句をいうやつもいなかったので放っておいた。少々のことなら、居直れるようになっ

た自分が情けなかったが、そうでもしないとたまらないぐらい疲れていた。

およそ25時間地中海の波間に揺られ続ける。何をする気もおこらず、デッキに出て寝袋にくるまっていた。疲れ果て、人の顔すらも見たくなくなっていた。人である以上そんな憎しみを持つことはいけないことは、頭ではわかっているが、もし、たった今どこかの戦場で彼らと交戦したら、僕は乾いた気持ちで銃をもつかもしれない。「民族紛争に道義的・人道的な解決をもとめる」なんて新聞の活字が、いかに薄っぺらいものかがわかる。他人事として書かれた報道は、正義の味方かもしれないが、当事者の憂いを癒すものでは決してない。いつ人殺しになるかわからない自分に出会い、その先に愛も知恵もない自分と出会ったことに、大きなショックを受けた。

それぐらい、イスラムの世界はむつかしい。けれども、どうすることもできなかった。

闇の中にフランスの灯が見え始めた。風は冷たく頬をさす。デッキに人々が集まりはじめた。オバハンの顔が、さっきより緊張していた。これからは、違う人種の中で、自分を押し殺していかねばならないのだろう。楽しそうな顔はどこにもなかった。マルセイユの港が近づくにつれ、表情がこわ張るオバハンを見たとき、人を憎む気持ちは、心の中で静かに溶けていった。

六、スペインから再度アフリカへ

プロヴァンスからスペインへ、ちょっとごめんなさいと割り込み駐車の図。

プロヴァンスからスペインへ

ヨーロッパはもう秋風が吹いていた。

ようやく船が岸壁に着き、スムーズに入国審査も終える。そう、このスマートさがヨーロッパなのだ。係官がにっこり笑ってウェルカムといってくれたとき、小躍りしそうなぐらいにうれしく、心の底からほっとした。

しかし、ここからが大変だった。クルマの受取窓口に行ったら、なんと積載リストに僕のクルマが載っていない。いったいクルマはどこに消えたんだ。係官は上目づかいで疑わしそうに聞いてきた。

「ジェノバに送ったんじゃないのか」

「いや、マルセイユだ」

小一時間待たされ、チェックがくり返されるがわからない。絶望感で目がまわりそうになる。とにかくクルマの保管所に行こうということになり、担当官のクルマに乗せられ、港の中を走りまわった。すると、暗闇の中、柵の向こうに、僕の赤いミニに浮かび上がった。なんのことはない、一番手前にあるじゃないか。

こちらの書類が確認され、ようやくご対面となった。鍵は開いている。まさかと思って、クルマに乗ると、きっちりとカーステレオが無い。ていねいに盗まれている。係官に言うと、顔を横に振って

「よくあることなんだ。連中はいつもそうなんだ」

詰め所の棚に山積みになった書類を見せられた。もう一度クルマの中を確認すると、盗難防止のハ

ンドルロックから、ギリシアで買ったお気入りのパーカー、餞別でもらったウチワまで盗まれていた。

「ハンドルがあっただけでもラッキーだぞ」

そのことばに、もう頭にくる余力もなかった。

エンジンはかかる。クルマの運転席に収まったとき、ようやく力がみなぎってきた。

とにかく、出口に向かおうと外に出たが、どこが出口かわからない。コマネズミのように港の中を走りまわり、ようやくクルマの列の横腹に来た。通行止めの柵が置かれ、係官がいたが、猛然と突っ込み、タイヤを鳴らして急停止すると、係官はすっとんで来た。

「どこへ行くんだ」と怒鳴られた。

「外に出たいんだ」と怒鳴り返した。

「よし、わかった」

意外にも、すんなりと、その列に割り込ませてくれた。それでもここからが大渋滞。ゲートまで時間のかかることこの上ない。とうとう大クラクション大会となってしまった。室内に入ってからなのでやかましいのなんの。なにはともあれ、ようやく出国のゲートについた。

係官たちは僕のミニのナンバーを見て「チャイニーズだ」、「ジャパニーズだ」と勝手に賭けている。

「ヘイ、ジャパニースだ」

パスポートを見て誇らしげに仲間にいっている。こりゃ時間がかかるはずだ。

ようやくフランスに出た。かつてヨーロッパの玄関だったマルセイユだ。道を訊ねたフランス人の

見つければ幸運というカマルグの白い馬を見に行ったら、
あちこち白い馬だらけでガックリ。

若者も親切だし、ミニもたくさん走っている。サイケデリックな柄入りボンネットのミニなんてのもいる。真夜中だったが、とにかく、海岸通りを走り回った。潮風がとても気持ちいい。自由に走れて何の不自由もなく、どこへでも行ける。ただそれだけのことが嬉しくてたまらず、夜どうし走り回った。

南仏のマルセイユで一息つき、ゴッホやモネといった芸術家に愛された、プロヴァンスへと向かう。

街路樹のトンネル、石を積み重ねた小さな家、ゆるやかな丘を照らす陽ざしが、ちいさな沼にきらきらと光る。北アフリカのきびしい自然に比べれば、まるで妖精たちの住みかのような風景だ。そんな美しい風景に見慣れると、やっぱりたくさんの人間に会いたくなった。リゾートよりも裏町に行きたかった。バルセロナの裏町にはバールと呼ばれる小さな酒場がたくさんあると聞いていたので、なんとなく、一息つけそうな気がした。

高速道路を飛ばし、夜中にスペイン国境に着く。大型トレーラーを運転するフランス人おやじたちに混ざって両替を済ませた。スペインの通貨を手にしたおやじたちは、どういうわけか、妙にはしゃいでいる。まるで、いたずらぼうずがお小遣いをもらったときのような喜びようだ。それぐらいスペインというのは、楽しいところなのだろうか。

そんなことを考えながら高速道路を走り、バルセロナ直前のパーキングで、缶ビールを一本飲んだ。パーキングでビールにありつけるというのも、いかにもスペインという気がするが、今宵もミニ・クーパー・ホテルで寝る。この頃になると、狭いミニの前席でも、ちゃんと横になって寝られるようになっていた。毛布と寝袋さえあれば、寒さも大丈夫だし、パーキングなら、トイレや飲み物の心配もない。何より、安ホテルに泊まったときと違って、夜中に路上駐車のクルマを盗まれるという心配がない分、熟睡できるようになっていた。

朝起きてみるとカラッと晴れていた。プロヴァンスより南に来たぶんだけ、日差しは強かった。僕は勝手にスペイン晴れと呼び、お天気につられ、珍しくボンネットを開けてオイルと水の点検をした。

水は大丈夫だったが、オイルはギリシアで変え損ねてから1万キロほったらかしていたので、少し汚れている。それでも、高速道路を走ることが多かったために、まだ耐用できる状態だった。メカ音痴の僕は、ほかの点検は何ひとつできない。さっさとエンジンをかけ、バルセロナのインターを降りた。ところが、困ったことに街への方向がわからない。大通りをはずれると、案内の標識なんかなく、すぐに迷子になってしまう。

てっきり僕はあのキノコのバケモノのようなサグラダ・ファミリア聖堂が、大阪の通天閣みたいにそびえ、バルセロナの目印になっていると思っていた。ところがどっこい、バルセロナはでかかった。後に近くでみたサグラダ・ファミリア教会もでかかったが、広場も大きければ、教会も重厚でやっぱりでかくて、なかなか街の中心部にたどりつけない。そういえば、こんな大きな街というか都会は久しぶりだ。ロンドンを出てからフィレンツェ、ローマ、アテネぐらいの街の大きさになれていたが、バルセロナは久しぶりの大都会だ。

バルセロナでの宿は日本人夫妻の経営する、チキータというペンションにする。チュニジアで疲れ果て、マルセイユから600キロを越える距離を走ってクルマで寝たこともあり、少し楽になりたかった。日本人にも会いたかったし、合わない食べ物が胃腸に負担をかけ、身体の手入れも必要としていた。それぐらい疲れがピークに達していた。

このペンションには、日本の漫画や週刊誌がたくさんあり、宿泊客はみんな日本人だ。仕事もせず2年も住み着いている主のようなおっさんから、離婚して子どもと旅している女性、そして、不思議な縁でその女性と一緒に旅を続けている若者や、モロッコの奥まで行った新婚さんといった具合で、

つぎはぎペイントのミニ。ラテン系ヨーロッパにはいろんなミニがいます。

とにかく、ごちゃごちゃの居候集団といった感じだ。それでも、久しぶりにのんびりとした時間を過ごすことができたのだが、そこにいた若い輩に、おもしろい話を聞いた。

彼がトルコのイスタンブールを旅していたときのことだった。トルコの若者がのこのこやってきて、

「実は……俺は忍者なんだ。嘘じゃない。これが忍者の証明書だ」

そういって、ボロボロの忍者証明書を見せた。

「そうか、実は俺も忍者なんだ」

調子にのって日本の輩も応えると、

「ほんとうか！　そいつはすごい。何か術を見せてくれ」

トルコの若者は目を輝かせて懇願した。ちょっと困った日本の輩は、

「だめだ、忍者は夜しか活動しないんだ」

うまく逃げおおせたと思ったが、トルコの若者の熱心さに押され、とうとう夜にもう一度会う約束までしてしまった。

「いいかげんなあいつらのことだ。まさか、来てないだろう」そう思っていても、どうにも気になって約束した時間にその場所に来てみると、なんと一族全員連れてきており、拍手と歓声で迎えられたらしい。身の軽い日本の輩は体操選手のようにトンボ返りなどを披露し、忍者らしい手裏剣ポーズをとった。すると、一瞬息を飲んだように静まり返り、

「うけなかったかな」と思いきや、すぐさま大歓声がおこった。

「どうだ、本物の日本の忍者は凄いだろう。俺の友達なんだ」

トルコの若者は興奮して鼻高々だった……。

こんな嘘のような本当の話が生まれるほど、日本というのは、よく知られていない国のようだ。

コスタ・デル・ソル（太陽の海岸）は、アンダルシア地方の地中海の玄関口。その中心の街がマラガである。

海の民フェニキア人が見つけたが、いいとこ盗りのローマ人が住み、イスラム教徒のアラブ人たちがぶん捕った。そして、キリスト教徒のスペイン人がアラブ人を追っ払って居着いた。この永遠のリゾート争奪戦の中心地であるマラガからは、あのピカソが生まれている。

グラナダで出会った日本人の女の子が、マラガで居候していたので、ここまで一緒に来た。ミニで街中を廻り、ホテル捜しにつきあってもらっていると、突然チャリンコ・バイクのおやじが走りながら大声で話しかけてきた。すごい剣幕だから、何かと思ったら、

「おれはミニもってる。ミニもってるんだぞ〜」

そう怒鳴っていた。走りながらその女の子が通訳してくれる。

「ところで、何やってんだこんなとこで」

「安いホテルを捜してるの」

「簡単じゃねぇか。おれについてきな。おれは、マラガのガイドだよ〜」

そういって前を先導してくれる。突然、止まったと思いきや、おまわりさんに、

「おい、てめえ、安いホテルはどこだ、教えろ。おれの友人がお困りだ」なんて凄んでいる。

われわれも、クルマから降りて見ると、おやじはいい酔い具合だ。

「ホテルは……にあるが、そんな態度なら、飲酒運転で連行するぞ」

手のひらを返したおやじは、

「いやー、ダンナ、お人が悪い。お見それいたしやした」

だいたい、こんな内容のやりとりが続いて、僕は安ホテルに案内してもらうことができた。ついでに、安全なガレージも教えてもらった。ミニ効果は、スペインでも絶大である。

再びアラブに挑戦だ。

イスラムのしきたりに屈伏するわけにはいかない。モロッコへと向かって突っ走る。

ヨーロッパ大陸の西南の端っこ、アルヘシラスから、ジブラルタル海峡を渡り、スペイン領セウタへと向かう。アルヘシラスのフェリー乗り場に来ると、大急ぎでアラブ人のおっさんがやってきた。

《なんやこいつ。汚ったないやっちゃなぁ》と思っていたら、いきなり英語で
「急げ、急げ、あと5分で船のゲートが閉じるぞ」

そういってクルマを停められた。まぁ言うことを聞いておこうとクルマから降り、そいつについていくと、大騒ぎしながらフェリーのエージェントに連れていき、

「早くチケットを買え」と叫ぶ。エージェントのにいちゃんに、

「船は今日出るのか」と聞いたら、

「ああ、今日出る」と、のんびりとした返事が返ってきた。

アフリカ大陸に渡るジブラル海峡の、フェリー代はとにかく高い。値切ろうと思ったら、チケットの価格は協定ができてるらしく、一定だった。スペインの通貨ペセタだけでは足らなかった。幸い、フランス・フランを少しもっていたので、ギリギリでチケットは買えた。すると、おっさんは
「マージン・マージン」と叫び出す。

「このおっさん。いつもこうか」と、エージェントのにいちゃんに聞いたら
「ああ」といって顔をしかめた。

アルヘシラスのフェリー乗り場。再び灼熱の大地へと向かう。

おっさんは、このレベルの英語会話ですらついてこれず、とにかくイライラして急いでいる。まぁ、フェリーの乗船まで、あんまり急がなくてもよさそうなので、ゆっくりクルマに戻ろうとすると、しつこくマージンをせがむ。

「あいよ」と、200円ほどのコインを渡したら、前を遮って

「ノー・ノー」とくり返す。

「まけとかんかい」といって背中を、おもいっきりドスンと叩いたら（笑顔は忘れてはいけない）、「オー」とか「アー」とか大げさに騒いでいる。僕はおもしろくなってきて、時計を見るふりをして、

「急がないと、急がないと」といって急いでクルマに向かうふりをすると、ようやくユーモアが通じたのか、それとも、もう叩かれる

のがいやなのか、「しょうがねぇな」という顔をしながらも、笑顔で見送り、手を振って、見たくもない投げキッスをしてくれた。

彼らにとって、こんなことは、一種のゲームみたいなもので、だませたらもうけものなのだろう。プライドのある白人にはできない商売だろうが、彼らにとっては、そんなことはいってられない。これでうまいパンでも買えれば、その日は「ああ、いい日だった」となる。手間が省けた分、長いこと待たされた岸壁で、僕はモロッコに行くことに、何かを期待せずにはいられなかった。

旅人とイスラム

9月のジブラルタル海峡は、秋風から夏の風に戻っていた。そして、この暑さが、長くなりはじめた旅の寂しさを、押さえ込んでくれた。

トラブルにも慣れはじめていた。むしろ、何もおきない旅に退屈さをおぼえはじめた。予測できないことがあるから旅なんだろう。そう思うとガイドブックには目も通さなくなり、簡素な地図一枚だけをポケットにしまいこんだ。

フェリーで渡った対岸のセウタは、スペイン領なので手続きなしで上陸できる。そこから、モロッコ国境までは、ほんの数キロの距離にすぎない。建物はヨーロッパ風だが、道端で見かけるのは、アラブの人々ばかりだった。

国境ゲートに入った。アラブ式の長蛇の列がなつかしい。クルマを停めて書類のチェックに行かなければならないが、どこへ行けばいいかわからない。すっかり迷っていたら、すかさず民族衣装にサングラスのあんちゃんがやってきて、親切に書類の書き方を教えてくれる。ただし、この手の親切には裏がある。

「君たちは何ものだ」

「我々はツーリスト・インフォメーションだ」

「どうして、親切してくれるんだ」

「これが我々の仕事だ」

「この親切は金が必要か」とあからさまに聞いたら、

「ハハハ」と笑い、少し間をおいてから、

「それはすごくいい質問だ」といわれた。

それでも一応親切にしてくれて、書類の提出窓口は教えてくれた。けれども、それからはほったらかしだった。金にならんやつに親切にする必要はないのだろう。まぁ気楽でいいやと窓口に並んでいたら、モロッコ人とフランス人以外の外人窓口で、なぜだかポルトガル人で一杯だった。並んでいても順番はあってないようなもので、係官の気分で順番が変わる。

メガネをかけたポルトガル紳士が、ちらりと僕を見て、

「スロ〜、スロ〜」と、あきらめるように笑った。

突然、別の窓口が開けられた。キリッとした細面の係官が、小さい声で「パスポート」とつぶやい

た。とたんに、ポルトガル紳士たちの顔色が変わり、窓口にパスポートが殺到する。僕も大男たちのあいだに滑り込んでパスポートを窓口にコジ入れた。すると、係官は、ひとつだけ珍しい僕のパスポートを真っ先に広げ、パラパラとめくった。ここで、アラブ諸国と仲の悪いイスラエルのスタンプなんかが押してあったら、どんなことになっただろうなんて考えていたら、「ＯＫ」と、あっけなくパスポートを返された。

通関も手慣れたものになってきたかと思ったが、ポルトガル紳士たちは「グッド・ラック」と肩をたたいてくれる。その時、幸運を祈られるほど、まだトラブルが待っているのだろうかと、ふと心配になった。

ともかく僕の通関はパスした。しかし、つぎにクルマの通関が待っている。またしても長蛇の列だ。砂漠をぶっ飛ばすことを楽しみにしているランド・ローバーのフランス人カップルは、クルマの天井に乗り、威嚇するように係官を急かしている。係官たちはうさんくさそうにチラリと見ると、あからさまに、横の列から通関をはじめた。彼女のほうが髪をふり乱し、激しいアクションを交えて怒ったが、まったく無視されている。いくら他国にはわがまま放題をしてきたフランス人といえども、権力に守られた国境でのアラブ人たちには、勝てるわけがない。僕は彼女らと同じ列にいたので、ともかく時間がかかる。また別のツーリスト・インフォメーションがやってきたが、今度のはちょっとタチが悪そうで、勝手に親切にする。放っておいたら、何やかんやと手続きを進める。

「アイ・ヘルプ・ユー。ネクスト・ユー・ヘルプ・ミー」

今度はかなり高圧的だ。チュニジアでクルマの通関後に車内の盗難にあったことを訴え、とにかく、まだまだ世界中に行かなくてはならないのに、ひどい目にあったと切々と唱えた。

「イスラムでは、そういったことがまかり通るのか」

弱点をついて開き直ったつもりだった。

「そうか、そんなことがあったか、イスラムとはそういう世界ではない。たまたま、そんなやつに出会っただけだ、運が悪かったな」

はにかむように、にやりと笑った。

「いや、よくあることらしい。大きなキャビネット一杯に、運の悪かったやつの書類が入っていたんだぞ。それも、国の運営する機関の中での話だ。君はどう思っているんだ」

イスラムの教えは、彼らにとって血や肉の一部であり、それを逆手にとったことになる。後味は悪いが、それぐらい、カラダで異文化を吸収してきたつもりだったし、そんな駆け引きができるようにもなっていた。彼は、少しうつむき、考え込んでいたようだが、黙って手続きを進めた。そして、ぐいっと引っ張られ、物陰に連れていかれた。

「イスラムでは、まず相手に与えることが大切なんだ。俺は困っているお前を助けた。だから、今度はお前が俺を助けなくてはいけないんだ。それがイスラムの世界なんだ」

睨みを効かされ、今度は強い口調でいわれた。しかし、ここで引き下がると、再びアラブにねじこんだ意味がない。

「そうか、しかし、俺たちの国でも神を信じている。俺たちは、人に親切をすることでお金をもらわない。なぜなら、親切にする心のほうが、お金よりも尊いからだ。ここでは、どちらが大切なんだ」

一歩も引かずに切り返した。すると、

「勝手にしろ」と、またもや見捨てられた。

小一時間待たされ、後回しにされた荷物チェックも、とうとう我がミニの番になる。さっきのタチの悪いツーリスト・インォメーションもいる。あれこれひっぱり出されるが、取材用のカメラとビデオ以外はロクなものがなく、ひっくり返すだけひっくり返された。ただ、持っていたフィルムの数が多かったので、「何のためだ」と、しつこく訊問された。オレの唯一の趣味だといっても通じない。砂漠が好きだとかなんとかいって逃げようとしたがだめだった。

この調子だといつまで尋問されるかわからない。ところが、さっきのツーリスト・インフォメーションが「俺の友達だから見逃してやれ」そういって助けてくれた。

小さく「サンキュー」というと、苦虫をつぶしたような顔で「行け」といわれた。旅人を大切にするのもまた、イスラムの世界である。

夜のミントティー

通関を終え、国境を通過した。もう夕暮れどきだった。

夕暮れにティトワンに着いた。両替をしていないので、ガソリンが入れられず、もう残り少なくなっていた。ここで泊まろうかと考えていたとき、バイクのにいちゃんが話しかけてきた。自分は学生だと学生証を見せ、親切に話かける。

「君はラッキーだぞ。今日は大きなマーケットがある日だ。案内するから、一緒に行こう」

どうにもあやしい。どうやら、客をつれていけば店主からマージンがもらえるらしい。つまり彼らはポン引きなのだ。とくに日本人は疑うことがないからと、カモにされていることも多いという。彼に助けてもらわないと大変なことになるわけでもないので、途中から別の道にトンズラした。

何回も後ろを見ながら先導していたバイクのにいちゃんは、こちらが別の道に行ったので、道でも間違えたかと、血相を変えてUターンしてきた。まだニコニコしながら、

「道は複雑だから迷っちゃだめだよ」とかいっている。

おもしろいから、もう一回別の道に逃げた。今度はこちらに逃げる意思があるのを見抜いたらしく、すぐ戻ってきて手でクルマを押さえ、

「俺たちは友達じゃないか、こんなラッキーはないんだぞ」とのたまうから、こっちもムっとして

「おまえとは友達でもなんでもない。俺は金なんか無い」

そういってもきかない。必死でマーケットに連れていこうとする。なんとかして絨毯を買わせたいらしい。しかし、目的がわかれば用はない。

「こっちへ来るな」

群衆にも聞こえるように怒鳴ったら、あきらかに敵意のある顔をする。ところが、不思議に暴力に

訴えない。あんまりしつこいので道端にいたポリスに道を聞くふりをすると、悪態をつきながらも、どこかへ消えていった。

夜のモロッコの道路はまっ暗闇。ヘッドライトの照らす範囲以外は何も見えなかった。

村はずれまで走り、ガソリンの補給のために、スタンドに寄った。

クルマから降りた途端、肉の焼けるいい匂いが漂ってきた。羊を焼くケバブの匂いで、腹の虫が泣きわめく。とにかくガソリンを補給し、フラフラとスタンドの隣にある屋外食堂に歩いていった。何人かの男たちが、車座にテーブルを囲みケバブを食べている。見知らぬ連中だが、食欲には勝てず、リーダーらしき男と目が合うと、手招きされるままに、近づいていった。

そのリーダーらしき男は、横に僕を座らせ、ミントティーを注文してくれた。この爽やかな味は、トルコのチャイとはまた違ううまさだ。彼は英語を話し、にこやかに旅の目的などを訊ねてくれる。

そして、

「モロッコはどうだ、いいところか」

自慢げに聞かれたが、税関の手続きで手間どったことを話すと、

「そうか、俺たちも、そう思っているんだがな……」

気の毒そうな顔をして、ミントティーのおかわりを注文してくれた。

「おれにつけとけよ……」と大声でいうと、ケバブをおすそ分けしてくれた。

モロッコにはスークと呼ばれる市場が多い。
魔法のような味を生む色とりどりの香辛料。

まぁなんと、このケバブが、べらぼうにウマい。魔法のような香辛料とあいまってウマいのなんの。早速同じものを注文しようとしたら、そのリーダーらしき男が値段を交渉してくれた。アラブでの値段交渉は日常のことだが、やっぱり面倒くさい。それを彼がやってくれたのは、友好の証であり、異国からやってきた友への、彼なりの精一杯の親切だったようだ。

アラブ人も遊牧の民である。旅人には親切にするのが、遊牧の民のならわしでもある。イスラム教が短期間に、砂漠に広まったのは、こうした、やさしさによるところも多いという。

彼らと別れ、再び闇夜の中を走る。モロッコの古都フェスまであと10キロとなったが、真夜中だったので、今夜もミニ・クーパー・

ホテルで寝ることにする。トラックなんかが停まっている広場にクルマを停め、寝袋にくるまった。

朝になると暑かった。道をはさんで店が開きはじめ、人々がせわしく動いている。そばにあったトラックのほとんどは出発していったが、残った数台も、出発の準備に余念がない。太陽はガンガンと照りつけはじめ、あっというまに、灼熱の夏へと突入し、砂漠の苛酷さを見せつける。このあと2日間フェスにいて、さらに南のサハラ砂漠に向かった。

サハラ激走

フェスからエルラシディア、エルフードを越え、リッサニに着く。バスの後ろを走ると土煙で大変だ。うっかり抜こうとすると前からぐわっとトラックが突入してくるので、抜きどころがむつかしい。

美しい砂丘のあるメルズーガへの道は地図に載っておらず、サハラ砂漠の中にポツンと浮かんでいる。リッサニで何度か道を訊ねるが、どうしても行き止まりになってしまう。土地の人に訊ねると、ようやく、畑道の交差しているところを曲がり、砂漠に向かって走ることがわかった。

なんとか方向を定めて走り出したら、道端から、一人の若者に声をかけられた。無視して走りだしたが、困ったことに砂漠のど真ん中に出てしまった。かすかに轍《わだち》が残っているので、それを頼りに走る。今さら戻るわけにもいかず、とうとう右も左もわからなくなった。それでも、およそ50キロ先の

パリ・ダカもかくや…と砂漠を走るミニ。
ただし運転は現地人。気に入ってくれたのは良かったのだが……。

村をめざすが、陽は傾き、砂漠での野宿も覚悟したとき、白のフィアットが1台追い越していった。

迷わず後ろを走る（まさにパリ・ダカ・ラリー状態）が、近づいてみると、後部座席に声をかけた彼が乗っていて、バツの悪いことこの上ない。（まぁ、後でしっかりガイド料をとられたけれど……）。

砂漠をミニで走るのは二度目だが、とにかく、へたなところで停めたらスタックして身動きとれなくなる。前のクルマの砂塵を避け、カツンとハンドルを切ったら横転しそうになった。上向きならいいが、たまたま裏返ってしまったらとんでもないことになる。それでも、必死でくらいついていった。

小1時間走って夕暮れ寸前に、砂漠の村メルズーガに到着した。砂と石ころの砂漠はどここでもあるが、サラサラの砂で、写真で見かけるような美しい砂丘の眺めは、ここまで来ないと見ることができない。

今宵は村はずれにある、ベルベル人のホテルに泊まることになった。ガイドの若者もベルベル人で、ジャッキー・チェンのガイドもやったと、自慢げに写真を見せてくれた。白いフィアットの旅行者はギリシアから来た新婚さんだった。彼女は耳が不自由で、二人はそのハンディを乗り越え、心の底から愛し合って結婚したという。それにしても、何と過激な新婚旅行を選ぶのだろう。

ホテルの人たちは、民族衣装に身をまとい、民族音楽を奏でて迎えてくれた。アラブの流れるような音楽と違い、テンテラトンテンと、黒人音楽のようにリズミカルだった。男たちの料理もうまかったが、何といっても、ホテルの屋上で、満天の星を眺めて寝られたことは最高の気分だった。ただ、戦闘機のような音をだす蚊に攻め続けられたのはまいった。信じられないことだが、砂漠にでも蚊はいる。

翌朝、ホテルのおにいちゃんのたっての頼みで、ミニを運転させてあげた。初めての右ハンドルなのに、見事に運転するのには驚く。戻ってくるなり「ラクダと換えてくれ」といわれた。冗談だろうと思っていたが、そのうち2頭に増え、3頭に増えるが、ラクダでヨーロッパに戻るわけにもいかず、丁重にお断りした。

エルラシディアに戻り、西に進路を変え、カスバ街道を走る。カスバとは城塞という意味で、オアシスの中継地だった。外は40℃を越えるが、クルマに乗っていると何とか我慢のできる暑さだ。何度も水を買い足し、時速120キロ巡航で走る。砂漠といえども、風景は頃よく変化し、退屈はしない。

途中で、ラクダの群にあった。10年間夢に見た瞬間だった。ラクダの横を走るミニの写真を見て決めた地中海一周。もちろん、異民族の文化を知るという大義名分はあったにせよ、ラクダのいる砂漠の景色にミニが似合うという、不思議さを確かめる旅だった。

ラクダ使いの子どもに「写真を撮っていいか」とたずねると、黙って手を出す。ちょっと多かったかもしれないが、10ディラハムの紙幣を渡した。

その時、ラクダ使いの子どもは初めてにっこり笑い、「ラクダも喜んでいる」というようなことをいった。自分が一人占めするんじゃなく、ラクダと分け合うんだということ、そして、これが砂漠でのしきたり、ベルベル人のしきたりなんだということを、手振り身振りで伝えてくれた。

まわりを見渡すと、昔と変わらぬ景色で、やっぱりミニは様になっていた。自然のすべてを神がつくったとするなら、ミニも、そういうクルマなのだろうか。

イシゴニスはクルマのデザインについてこう語ったことがある。

「プロポーションこそすべてである。古代ギリシア人はそのことをよく理解していた。私は現代人であり、半分だけギリシア人であるので、審美上の平均的な資質か勘ぐらいしか先祖から受け継いではいない。しかし、多くの人々は、この面で自分のうちに秘められた素質を引き出そうとすることもないし、ましてや、そういう資質を進歩させ発展させようとはしないのだ」

人にはみな秘められた素質があるとイシゴニスはいっている。ミニというクルマは、この砂漠の景色であれ、ブルージュの街並みであれ、そして北京や奈良でも素敵なたたずまいを見せていた。イシゴニスのいう素質とは、古代の人々が国や民族なんか関係なく、もっていた叡知なのだろう。我々の記憶に眠るそうした叡知をよみがえらせ、さらに新たな時代を築くことが大事だと、そして、そのためには、たとえ一人一人からでも、国や民族といったことにとらわれない名も無き人々の交流が大切だと、イシゴニスはミニを通じて伝えたかったのかもしれない。

とにかく、理屈なんかではわからない世界が、あるということだけはわかった。

カサブランカの交通違反

映画『カサブランカ』でおなじみの、恋の街カサブランカ。

当時のイメージなんか無いとわかっていても、この街に訪れる人は多い。それほど、戦争によって引き裂かれる恋のはかなさは、世界中の人々の心を打った。

もともと、この街の語源は、カーサ（家）ブランカ（白い）からきている。名前のロマンチックさと裏腹に、ここはモロッコ一交通マナーの悪いところだ。

車線もくそもなく追い越しはかけるは、割込み、幅よせなど何でもありの無法地帯。イスタンブールなど、イスラム圏での交通マナーの悪さには慣れていたので、スイスイ交わしていくが、いかんせん標識を見る間もないぐらいせわしない。もし、居心地がよければ一泊しようかという考えも、この交通マナーではすっ飛んでしまい、いさぎよく通過することにした。

とある交差点。信号待ちの僕は車線の右よりにいた（モロッコも当然右側通行）。後ろのクルマが右折しやすいように、少し前に出て左にクルマのノーズをふった。こういうことは、ヨーロッパでは、ごく自然のマナーだ。

信号が変わり、まっすぐ進んだとき、髭づらのポリスに停められた。おそらく、外国ナンバーの車だから、確認のために停められたと思っていた。ところが、どうも様子がおかしい。

「パピ、パピ」（フランス語で紙）というから、カルネとイギリス入国の通関書類、それにグリーンカードを見せた。それでも、まだ

「パピ、パピ」と騒いでいる。

車検証から何から何まで、紙のものなら全部見せたがおさまらない。ニコっと笑っている顔の裏には、得体のしれない敵意まで感じとれるようになってきた。ようやく国際免許証のことだとわかったのは、かなり時間がたってからだった。それまで免許証の提示など一度もなかったし、通常はどこの国でも「ライセンス」と英語で聞かれるし、「パピ」のひとことで、免許証を出すまでなんか通じないに決まっている。それでも、

「やれやれ、やっと出しやがった」という顔をして

「おまえは交通違反だ」とだけいい放たれ、僕の国際免許はポケットにしまい込まれた。

とんでもない、右車線は右折車線だというが、そんなもん標識もなければ、だいたい車線そのものが無い。右1台分もあけていた。

「こら、バカモン。免許証返せ」と怒鳴ったら、

「ノン」で終わり。

「いったい、どうすればいいんだ。免許証を受け取るにはどうしたらいいんだ」

ことばの通じにくいポリスに、英語と日本語とゼスチャーで聞くと、何やら警察署が離れたところにあって、そこへ行けという。

「とにかく、おまえがポリスという証明をしろ」

そんなこんなで、1時間ぐらい押し問答をした（何かを警察に要求されたときは、相手の証明書を見て必ず名前を控えることが必要。タクシーも同じ）が、のれんに腕押しだ。道端のカフェでひまそうにしている男たちも気の毒そうにこちらを見ている。ポリスを怒鳴ったときはにニコニコしているから、「おまえらもそう思うだろ」とふると、全員あわてて、澄ました顔であさっての方を見るから頼りにならない。

まぁそれでも、そのポリスは、警察署までの道順だけは教えてはくれた。とにかく、免許証をとり返さなければならない。ところが、警察に行くと、どのセクションが交通に関するところかわからず、そこら中で違反者がごったがえしている。信じられない話だが、警察官自身でも、どこで何の取締りをやっているかの把握ができていないのが実情だ。そんなにたくさん捕まえる神経を疑う。財源確保のためでもあるのだろうか。

一旦外に出て何人かに、僕の免許証引き取り場所を聞いたら、「ヨシ」といってクルマに乗り込ん

でくるやつがいた。私服のポリスで偉いさんらしいが、やくざよりもえげつない人相で、助手席の荷物の上からでもドカッと乗り込む。

「ちょっと待て、まだ荷物が助手席にあるやろうが」なんていっても通用しない。書類のバインダーの上に座り込み、「レッツ・ゴー」とふんぞりかえって指示をする。

少し走ったところで、止めろといい、そいつは、何もいわずに降りていった。あわてて中に入ると、確かにここで引き渡すという。まぁ、そいつのおかげで、ようやく、免許証の引き渡しの場所がわかったから、役にはたったといえるだろう。しかし、やっぱり窓口は大混雑している。殺気だったおっさんたちは、窓口の係官相手にブツクサいっているが、そんなことはおかまいなしに、係官はマイペースに処理している。こっちは、そんなのんびりしたペースにはまっているわけにはいかない。

「オイ、コラ。メンキョショウ、カエサンカイ」

日本語で大声で怒鳴ったら、注目の的となって、係官が話しかけてきた。罵声を浴びながらも、してやったりと、事情を説明したら、こましなネクタイしたやつがやって来て、後ろから

「今日はもう終わりだ、明日来い」なんて、平気な顔でいう。処理しきれないぐらい捕まえることにも腹が立ったが、とにかく、

《こんな、けったくそわるいとこで、余分な日数を使ってたまるかい》

そう思って、誰でもかれでもつかまえては怒鳴りちらした。全員知らん顔をするが、サラリーマン時代、金払いの悪いおやっさんからの集金に慣れている僕は、なるべく偉そうなおっさんの後ろをつ

いて回り、

「ライセンス、返せ」と、何度も何度もくり返した。

とうとう、おっさんも煩わしくなり、

「お前、何とかしろ」と、近くにいたポリスに命令した。

それでも、そのポリスは、いかにも面倒臭いといいながらも調書をとり、やっぱり免許証は明日だという。おまけに50ディラハム（日本円で５５００円程度）と、捕まったときの40ディラハムとは金額まで変わってしまい、

「これが経済だ」などとわけのわからんことをいって立ち去った。

さすがに我慢も限界にきた。もうこうなったら嘘も方便。役人どもの部屋に押し込み、ツカツカと真ん中に歩んでおおげさに天を仰ぎ、神に祈るマネをして
「返せ、ライセンス。僕のライセンスを……」と大声で叫んだ。

まるでミュージカル・スターのようなその迫真の演技は、役人どもを感動させるに値したらしく、

「いったいどうしたんだ」と心配させることに成功した。もう、こうなればこっちのもの、充分に間をおいてから、

「わがフィアンセは、明日スペインに来る。もし、約束の時間に会えなかったら、もう二度と会えない。もし会えずに、結婚できなかったら、一生お前たちのことを呪ってやるからな、覚悟しろ。お前も、お前もだ」

あたり中指さして睨みつけた。

「そうか、それはいかんな」

役人の一人が、ようやく岩より重い腰をあげてくれた。こうなったら、ついでに罰金の額も値切らなければ気がすまない。

「これで罰金払ったら、銀行に両替に行かなければいけない。今日は土曜の午後で、銀行は閉まっている。こんなことじゃ、スペインに戻れない」

手持ちの全財産50ディラハムを見せたら、あらら、罰金はなんと20ディラハムに下がった。

「おまえはスペシャルだぞ」

いちいちカッコつけながらのたまう連中に内心ムカつきながらも、とにかく免許証の引き揚げに成功した僕は、再び交差点に戻り、通過ぎわ、憎っくきポリスにクラクションを鳴らしつけ、カフェのおっさん連中に手を振り、うそっぱちの恋の街、カサブランカをあとにした。


タンジェの街に近づき、地中海が見え始めたとき、夜が明けはじめた。砂漠からまる一日走っただけで、身を切るように寒い。眼下にはジブラルタル海峡が見え、ようやく、セウタのモロッコ側国境に到着した。

夜が明けて間もないのに、もう国境は長蛇の列だ。フランス人以外の外国人窓口は、やっぱり大混雑。ところが、混雑で待っている時間は長くても、通関手続きは、思ったより早く済んだ。出国するやつにもたもたしていたら、スペインから文句が出るのだろうか。ともかく、余計なことも聞かれず、荷物も確かめられずに、スペイン領セウタに出る。フェリーのチケットも、なんの交渉も無くすぐに購入できた。何とスムーズなのだろう。

ミニを指定されたところに停めてぼんやりしていると、おばあさんが一人歩いてきた。停まっているクルマに沿って小銭をせびっているが、みんな余ったモロッコ通貨を渡している。僕もポケットにあったコインを渡した。

「おばちゃん、今日はもうかったな」

そう日本語でいうと、通じたらしく、にんまりと笑ってふり向いた。そして、また前のクルマにせびりに行く。かなり効率のいい商売になっているのは間違いない。

アラブ人との最後の出会いは、このおばあさんだった。このとき「富めるものは分け与えよ」というイスラムの原理が、少しだけわかったような気がした。

「こっちも破産したら、分けてもらいに行けばいいんだ」

ただ、それだけのことだった。

七、地中海をあとに

ヘミングウェイの宿。
日本にいるような
スペインの谷間の村で。

ポルトガルのカルロスさん

スペイン南部からポルトガルの首都リスボンへはハイウェイがなく、国道を走って国境へと着いた。困ったことに両替所がない。警備兵や係官なんかもいない。スペイン側には小さな街があって人が住んでいるが、ポルトガル側には家一軒無いという寂しさだった。

次第に陽が陰り、焦げつくような夕陽が森のあいだに落ちる。走っても走っても追いつけない夕陽に、せかされるようにリスボンに向かった。

リスボンのすぐ手前に着いたが、ポルトガル通貨が無いので、有料道路に入ることができない。ところが、リスボンに入るには、どうしても大きな河口を渡る有料道路の橋を渡らねばならない。橋の入口でどうしたものかと思案したが、いざとなったら米ドルでなんとかなるだろうと、ゲートに行った。今にして思えばクレジットカードで何とかなるのだが、その時はそんなことすらわからなかった。

が、心配は無用だった。橋だけは無料でリスボンに渡れる。河口を渡ると、橋の上から浮き島のようなリスボンの夜景が見えた。アニメ映画のように、空の上からリスボンに舞い降りていく。もしミニ・クーパーが空を飛びまわれたら、どんなに愉快だろう。まるでおとぎの国への滑走路は、石畳の似合う古い街へとすべり込んだ。

木製の路面電車が走っている。うす暗い街灯のなかで、坂道がぼんやりと浮かび、ミニもけっこう走りまわっている。バルセロナに比べると、何もかも小じんまりとした街だ。ぐるりと一回りしたあと、夜も遅かったので、今夜もミニ・クーパー・ホテルで寝ることにする。ねぐらを捜すが、安全で

ポルトガルの首都リスボンにて、ミニ同士の出会い。

人気の無いところというのはなかなかと見つからず、港のはずれまで行って寝た。

翌朝、ふらりと街に出てポリスボックスでユースホステルへの道を訊ねた。ところが、ポリスは全員びっくりするほど酒くさい。昨日の夜の二日酔いどころじゃないと断言できる酒のにおいだ。みんな酒盛りでもやりながら夜勤していたのだろう。まぁ酔っているからトロいこと、トロいこと。手はブルブル震えているし、コケそうになって地図を開いている。平和な国だからこそ、こんなことが許されるのだろうが、それでも、親切に道を教えてくれたことについては、とにかくありがたいと思った。

ここまで大きなトラブルは無かったが、点検とオイルの交換に、鈴木さんの友人である

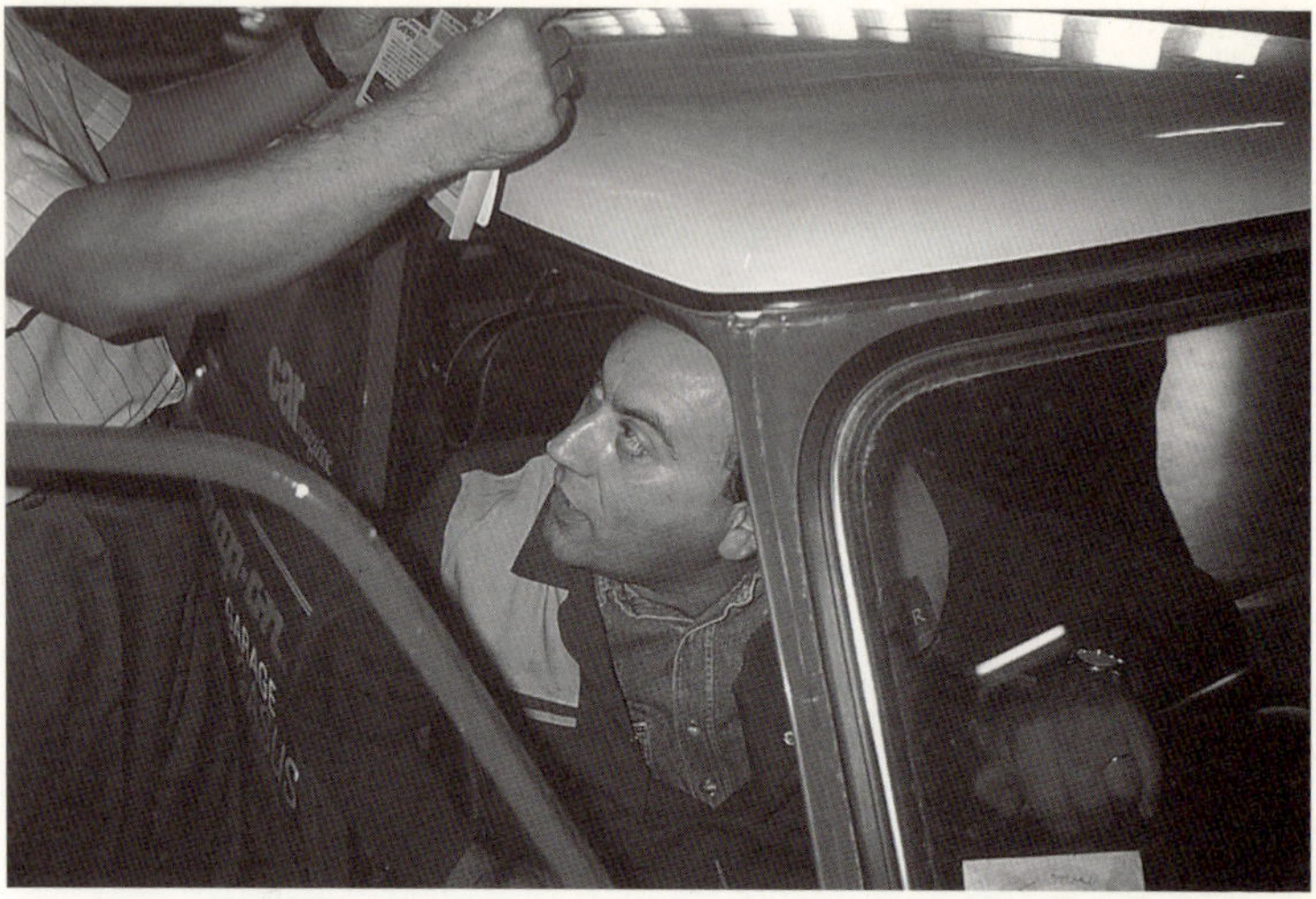

ローバー・ポルトガルのカルロスさん。まさにラテン系の親分です。

カルロスさんを訪ねて、ローバー・ポルトガルに行った。

カルロスさんは初対面の僕に、こころよくオイルの交換と点検を、部下にまかせて済ませてくれ、おまけに、ランチまでごちそうしてくれた。

食堂には10リットルも入りそうなデカンタにワインがなみなみと入っている。まぁ、昼真っ間から、みんな飲むこと飲むこと。水のようにワインを飲む。ポルトガル人の胃袋のなんと丈夫なことか。

ポルトガルからパリまでカルロスさんによると2日でいけるらしい。昼過ぎに出発しているから、2日後の夜にはパリに着く勘定だ。気合いをいれてスペイン国境をめざす。ハイウェイを降り直線的にパリに向かうことにするが、やっぱり国境がわからない。途中、道幅が狭くなり、小さな村にまぎれこんでしまった。仕方なく道を訊ねるがさっぱりわからず、ポルトガル語で一生懸命説明してくれるが、こちらはチンプンカンプン。

「紙に書いとくれ」と、頼んでもだめだった。ゆっくり話そうが同じことなのだが、とにかくポルトガル語でしか話してくれない。どうしてラテン系の人は、道順を紙に書いてくれないのだろうか。

そのうち、とある家族が、

「息子が途中まで案内するから」

そういって、途中まで先導してくれることになった。こんな山近くの村だから三輪トラックでもくるのかと思ったら、これがどうして、ピカピカのニューカーだ。時代も変わったと感じながらついていき、二股にわかれたところで、教えられたとおりに別れて走っていった。小さな街をひとつ越えると真っ暗になり、急な勾配の山道に入ると、突然、山越えのガードレールもない細い道となる。20～30キロ程走っただろうか。ようやく、国道に出たときは、真夜中になっていた。

その夜、疲労とワインのショックで、僕のおなかに激痛がはしった。人気の無いパーキングでクルマを停め、痛みをこらえながら、クルマの中で一晩中寝袋にくるまっていたが、痛みはおさまらない。持ってきたクスリを、指示された量の倍飲んだがやっぱりだめだ。とうとう、トイレに行かざるをえなくなるが、パーキングにトイレは無い。仕方なく、少し下の原っぱに行った。そして、この繰り返しを十何度もくり返すはめになった。

とうとう、ボロボロのフラフラになった。この時ばかりは、一人旅の辛さを身に染みて感じる情けない夜だった。クルマよりも、人間の方が修理点検が必要だったようだ。

ヘミングウエイの宿

翌朝、お腹の痛みはひいていた。

スペイン北部、カスティーリャ地方の、荒野と麦畑が続く大地を駆け抜ける。信号のないワインディング・ツーリングは快適そのものだが、ぽつりぽつりと、道端を歩く人を見かけるようになった。そのうちに人々が連なって歩いており、杖をもって歩いている人もいて、ようやく巡礼の人たちだとわかった。

この道は「サン・ティアゴの道」と呼ばれ、サン・ティアゴ（聖ヤコブ）の墓を、ヨーロッパ中のキリスト教徒が巡礼に訪れる道だった。

巡礼もひとつの旅である。このサン・ティアゴを目指す人々は、みなサン・ティアゴの墓を目指すというひとつの目的がある。ところが、僕は砂漠とミニがどうして似合うかという、ごく単純な動機で旅に出た。それならば、モロッコからまっすぐ北に向かってイギリスに戻ってもいいのだが、１９５９年にミニが地中海一周したルートにできるだけ沿って旅を続けていた。

どうして旅を続けているのか、その答えが自分自身にも見えなくなっていた。ただ、イギリスに向かって帰っているだけなのか、それとも、まだ何かを捜しているのか……。

僕は漂うようにクルマを走らせていた。着いた街はパンプローナという街だった。ここには、日本人の女性でキリスト教のシスターをやっている方がいるということを聞いていたので、その人と会って、巡礼のことを伺おうと思っていた。いや、自分の中では、なぜ旅をしているのかという理由を問いただしたかったのかもしれない。

インフォメーションで、その女性の名前を告げ、どこに行けば会えるのか聞いた。けれども、たまたま応対した青年は、ホテルの案内か有名な観光スポットにはちゃんと応えていたが、

「そんな日本人の話は知らないなぁ」と、そんな用事で来るなとばかりに、そっけない応対だった。昼休みのシエスタの時間を街でつぶして行ったのだが、あまりにも馬鹿にしたように鼻であしらう態度だった。あからさまに、他の白人相手と応対が違っている。

「それでも仕事をしているつもりか、わからないなら調べるなり、別の人に訊ねろ」

つい怒ってしまった。

「出ていってくれ」

青年は顔をそむけ、犬でも追い払うように手を出口に振った。

もう、こうなると1秒たりとも、こんな街にいたいと思わなかった。クルマに戻り、とにかく、街を出ることにした。

旅を続ける理由を考えることは、宿題となった。

適当に方向を決めて走り出した。途中にいたポリスに、ピレネーを越えてフランスに行く道を訊ね、

くねった道を北西に向かって進む。登り勾配がピレネーにさしかかったことを知らせてくれ、いくつかの村を通りすぎた。その中から、いちばん古めかしい村で泊まることに決めた。

このあたりはブルゲーテという村で、古くから住むバスク人たちの村だった。小雨が降りはじめ、あたりが暗く、肌寒くなってくる。ふと見たホテルが、いかにも昔風でいい雰囲気だったので、部屋があるかどうか訊ねると、奥からよく太ったおばさんがでてきた。一見無愛想だが、素朴で人のよさそうな大きな目をしたおばさんだった。英語は通じないが、どうやら部屋はあるらしい。そして、にこりと笑うと、大きな声で

「ヘミングウェー、ヘミングウェー」と連発する。

僕は何のことかわからなかったが、おばさんは奥から日本の釣り雑誌をもってきて僕に見せる。そこには、ヘミングウェイが楽しんだマス釣りを取材する記事が載っていた。今度は奥から息子さんを引っ張ってきて、通訳をさせる。どうやら、ヘミングウェイがマス釣りを楽しむ時の常宿だったらしい。いつも泊まっていた部屋のとなりの部屋にしてくれるという。

パンプローナでのうっとおしい気分が吹っ飛んだ。自分でもわかるぐらいに肩の力が抜け、自然に笑えるようになっていた。彼はそんな僕の気分を察したのか、ヘミングウェイが使った部屋に変えてくれた。漆喰の壁に、飴色になじんだ木の家具がアクセントになっている。小さいが心休まる空間だった。同じベッドにヘミングウェイも寝たのだろう。

僕はたまたまこの村に来たが、ヘミングウェイは、どうしてこんなところまで来たのだろうか。ス

霧深きピレネー山脈を越える。日本と同じ山の気配がした。

ペインの内乱に兵士として参加したヘミングウェイは、なぜ人間は戦うのかということを、実際に戦場に身をおくことで、確かめようとしたのだろうか。もし、そうなら、この偉大な作家の好奇心の凄まじさに驚いてしまう。だからこそ、人としての素朴さの固まりのような、このバスクの村に留まることを選んだのかもしれない。

夕食はホテルのレストランに行った。まだ馬車が人々を運んでいた頃の写真が飾ってある。建てられてから100年近く経つようで、まわりだけが変わっていた。

どうせメニューなんかちんぷんかんぷんなので、会話集の本から「このあたりの名物料理をください」という一節を見せた。ほどなく、マスのムニエルが出てくる。テーブルはレストラン風にデコレートされていたが、料理は素朴で、部屋の古めかしい机で食べてもおいしいような味だった。

このあたりに住むバスク人というのは、ピレネー山系に住む民族で、ベレー帽をあみだした人々でもあった。初めて日本にキリスト教を伝えたフランシスコ・ザビエルも、バスク人だった。

小雨が降り続くブルゲーテからピレネー越えに向かった。山霞と霧で前が見えないが、少しずつ登り進んでいく。このバスク人と日本人に類似したところがあると聞いたことがあるが、山合いの自然や風景は日本そのものだ。おもしろいことに、このバスクのことばと日本語というのは、ほかの言語よりもはるかによく似ているといわれている。似た気候風土が似た性格をつくるのかもしれない。バスク人が使うことわざで「豊かな生活は貧しい心を生む」というものがある。僕はそんなバスクの村を見て、日本人が失ったものは、もう取り返すことができないような気もして、なんだかとても寂しくなった。

国境を越え、フランスに入ってひとつめの街で両替を済ませ、バイヨンヌという街に出たとき、ふとポケットにブルゲーテのホテルのキーが入っていることに気づいた。うっかり持ち出したらしい。送り返すにも郵便局がわからず、パリで友人に会ってから送ることにした。

ポルトガルのカルロスさんは2日でパリに行けるといったが、僕は3日目の朝にまだ、パリのかなり手前にいる。そんなにルートは違わないはずなんだが、どんなペースで走っているのだろうか。ペースをあげてパリに向かうことにした。

パリでのひととき。のんびりとクルマで散歩。

巴里の日本人

長かった旅もフィナーレに近づく。トゥールからパリまで約300キロ。夕方の5時をまわっているのだから、ここで一泊したほうが楽なのだが、どうしても、パリに今夜中に行きたかった。

夜のとばりが下り、パリの灯りが夜空を焦がしているのが見えた。暗黒のシルエットに浮かぶパリはどきりとするほど美しく、遠くにエッフェル塔が浮かんでいる。リンドバーグの感動がそのまま伝わってくる光景だ。

パリ市内に入り、ホテルを捜していると、おしゃれで可愛い4人組のパリジェンヌたちとすれ違った。キャッキャッいいながら歩く姿は日本の女の子でもおなじなのだが、その後がすさまじかった。彼女たちのクルマは前後の隙間がほとんどなく駐車されており、バンパーで押し出して出て行くというのは聞いたことがあるが、とにかく後ろなんか見ないで、一気にバックしたかと思うとグワッシャーンと目一杯後ろのクルマにぶっつける。後ろのクルマはグラグラと揺れ、バンパーなんかはぺっこりとへこむ。ガリガリとハンドルを切り、今度は前のクルマにグワッシャーンと追突していく。そのたびに「イェ〜イ」とクルマから歓声があがる。ブレーキなんか踏んでる気配はまったくない。フランスの男が、日本の従順な女の子に憧れることが多いと聞いていたのが、少しはわかるようにも思えてくる（もっとも、彼らは見た目だけでそういう女の子を選び、結局、女というのは万国共通という思いに打ちひしがれるという話も聞いたが）。

翌朝は小雨が降っていた。少しうろうろしてから、以前うちの家に居候していたフリーの映画屋友人ダニエルを訪ねようと実家に電話したら、大使館の日本人女性の名前と電話番号を教えられた。パリのどこにいるかわからないダニエルに、とにかく連絡のつくのは、その女性らしかった。大使館に行き、その女性を呼んでもらうと、日本的できれいな若い人だった。パリには日本で出会ったフランス人の彼を追いかけて来たらしいが、偶然にもダニエルは今夜彼女と食事の約束をしているという。

約束の時間に大使館の前に行くと、なつかしのダニエルがいた。抱き合って再会を祝ったのはいいが、3人でどうやって移動したらいいか。我がミニは後部座席を取っ払って荷物が乗っかっており、前の座席に2人しか乗れない。さて、どうしたものかと悩んでいたら、ダニエルは前の席に3人乗りを敢行した。

仕方なく3人乗りでパリの街に繰り出す。ミッションの上のグニャリとした感触が心地悪い。凱旋門のロータリーに必死で飛び込み、路地裏を駆け抜ける。まるでルパンIII世だ（この凱旋門ロータリーの怖さはよく知られたもので、5車線ぐらいの中をクルマが内から外から駆け抜ける。ロータリーから出られず、グルグル廻っている日本人がよくいるらしい）。

ようやくたどり着いた店は、絶対にガイドブックなんかに載っていないような小さなビストロ。ろうそくの灯りでほのかに浮かび上がる店内は、どうしようもないぐらいロマンチックな空間だ。料理も素朴で家庭的な味だった。

彼女を送ってから裏町を抜けると下着姿の女性たちの通りや、黒人たちの麻薬取引の現場に出くわした。これもまた、パリの姿である。

旅の終わりと思いがけない幸運

パリを後にし、田舎町を抜け、ディエップからフェリーに乗った。行き先はイギリスのニューヘブン。ブライトン近郊の港町だ。

長かった旅も終わりを告げる。ひょんなことで、見知らぬイギリス人のおじさんと、友だちになった。きっかけは、僕がミニでフェリーに乗り込むのを、おじさんが見ていたらしく、ひょっこり目があって、どちらともなく、あいさつをしたというだけだった。

このおじさんの愛車はシトロエンで、二人で延々シトロエンについて、おしゃべりをした。

おじさんは、サスペンションの素晴らしさを力説し、

「さすがのイギリスも、こいつだけは、真似できない」と、ほめちぎる。

僕は、シトロエンのハーフ・トラックが、アフリカからアジアに至るまで、世界中を走破したことを讃えた。そして、ついさっきトラクシオン・アヴァンという、シトロエンが命を賭けて生み出した名車を見かけたということで、話が盛り上がった。

お互いに、ちょっと、クルマに興味があるというだけだった。もし、話をしなければ、すれ違っていただけで、親しくなることはできなかった。

異なる民族や宗教を、まるまる理解することなんて、とてもじゃないができない。それでも、好きなことや、興味のあること一つで、友だちにもなれるし、相手のことをわかろうとするきっかけぐらいにはなる。

僕がこの旅に出たのは、ミニが砂漠でも似合うことをこの目で見たいというだけの理由だった。しかし、旅を続けていくうちに、人と人が理解しあうというのは、ちっちゃなきっかけからも始められることがわかりはじめた。イシゴニスやシトロエンが目ざしたものは、クルマが、そうして、国や民族を越える手段になるようにすることでもあったのだろう。もし、僕がずっと日本にいて、こんな旅をしていなかったら、こんなにたくさんの国の人に出会ってなかったし、テレビで見た民族の紛争なんかも、もっと乾いた気持ちで見ていかもしれない。少なくとも、そういった争いや紛争は、おろかなことだと決めつけられないぐらい世界は複雑で、人が生きていくというのはたいへんなことだということは、よくわかった。

ヘミングウェイも、人生の多くを旅に費やした。そして、人の数だけ旅があり、燃えつきる瞬間もまた、旅のようだと、鮮烈なメッセージを残し続けた。

僕はヘミングウェイが泊まっていた部屋の鍵をもっていた。それを見たダニエルが、めずらしく、真剣な顔で僕にいったことを思い出した。

「その鍵は、持っていろ。ヘミングウェイからのプレゼントだ。その鍵を持って、自分の道を征け。旅は始まったばかりなんだ」と。


イギリスに戻り、ゲイドンのモーター・ミュージアムに寄ると、出発前に当時の地中海一周の記事をコピーしてくれた係員が、

「喜べ、当時のドライバーの連絡先がわかったぞ。ロナルド・バーカー氏はサイレンセスター近郊にいらっしゃる。なに、ミニとパルテノン神殿はやっぱり同じ？　まだそんなことをいっているのか、そんなの偶然だっていったろう。イシゴニスがギリシアの大統領に、クルマをつくらせろと押しかけた？　そんなはずないだろう。これはイシゴニスの資料だから、これをしっかり読んだほうがいいぞ。まぁなんにしても、よかったなぁ無事で、会っていろいろ話をしてこいよ。幸運を祈ってるぜ」

とにかく、憧れのバーカーさんに会えるきっかけができた。ミニが地中海一帯で人々に愛され続けているということを伝えたかった。そして、ミニとパルテノン神殿の関係を何かイシゴニスが語っていないかということもお聞きしたかった。ただし、僕の英語力ではどうにも連絡できない。１カ月後

に出るイタリアン・ジョブの時に書類でもつくってこようかと悩みながら帰路の空港に着くと、偶然にもヴァージン・アトランティック航空の田窪さんと会った。

これ幸いにとバーカーさんに連絡してもらうと、電話口のむこうで、

「そうか、そうか、日本人がやってくれたか。会いたいって？ こちらこそ会いたいさ。それで、いつどこへ行けばいいんだ。イタリアン・ジョブのあとこっちに来たいって、いいよ、いいよ、大歓迎さ。じゃぁ待ってるからな」

バーカーさんはそういってくれた。まさに夢心地だった。

バーカーさんに会う

フレッドのガレージにミニを預かってもらって日本に戻ってから1カ月後、ミニのチャリティ・イベント「イタリアン・ジョブ」出場のため、再びイギリスに着いた。

総勢約100台、200人を越えるミニ仲間が集まっている。日本からは我々が初参加で、大歓迎を受けた。このイベントは、ミニ好き必見の映画『ミニミニ大作戦』の原題『イタリアン・ジョブ』にちなんだもので、イギリス南部のブライトンから、イタリア北部のトレントまでを、チャリティをかき集めてきたミニ仲間たちが、往復3500キロのロングツーリングを敢行する。イベントに集まるミニ仲間たちは、ジョバーと呼ばれ、援助を必要とする子どもたちと、幼児虐待防止基金に、チャリティとして、1回あたり2000万円程かき集め、イベント中は走り倒し、飲み倒すという、日本

オーストリアの孤児院にて。励ましに行ったはずなのに、無邪気な子どもたちに励まされてしまった。

イタリアン・ジョブではお馴染みの「ミニ・リムジン」。これでスラローム競技に出たときは大変だったらしい。

フレッド、鈴木さんそしてイギリス・ママのジュリアと。船で送り出すまで、このガレージに預かってもらっていた。

じゃ考えられないイベントだ。

イタリアン・ジョブに出たあと、イタリアワインをお土産に、サイレンセスターのバーカーさんを訪ねた。少し入り組んだところの小さな赤いポストが目印で、ごつい木のドアをノックするとバーカーさんがあらわれた。がっちりとした方で、ちょっと腕白な面影もあるやさしい瞳だった。会うなりいきなり、

「だいじょうぶだったか、よくやったね」と、ドンドンと背中をたたいて、中に招きいれてくださった。まるで友だちの部屋のように、クルマのパーツや本が置いてある。あたたかいミルク・ティーをいれていただき、互いに想い出を語り合った。バーカーさんはウイスキーのハーフボトルとガソリンを交換した話だとか、僕はマシンガンに囲まれた話とかで盛り上がった。当時の写真を見せてもらうと、やっぱり、ミニはどこでもほんとうに素敵なたたずまいを見せている。もう30年以上前のことなのに、そのモノクロームの写真が、まるで自分の体験であるかのように思えてきた。

どちらかといえば神経質そうなイシゴニスと、大らかでユーモアたっぷりのバーカーさんは大の仲良しだったという。それでも、イシゴニスの母の話になると、バーカーさんは毅然として話される。それぐらい、イシゴニスの母は強い人だったのだろうか。

バーカーさんにミニとパルテノン神殿の関係を伺おうと図面を見せた。

「この図面はどこで手に入れたんだい。君が調べたのか、確かに接点は多いね。イシゴニスはそういうことはいわない人だったから……。でも、すごく興味深いね。もともとギリシア人だったからね」

バーカーさんの家族、名はミニ。

バーカーさんの自宅前にて。お会いできて本当によかった。

イシゴニスは親友のバーカーさんにも、ミニ誕生の秘密を打ち明けていなかった。というより、多分に本質のところから、自分でも不思議なインスピレーションとして、ミニが生み出され、説明のしようがなかったのかもしれない。

古代ギリシアの文明は、地中海一帯に運ばれ、多くの文化を生みだした。そして、イシゴニスの生み出したミニも、地中海一帯に広がり、多くの人々に自動車旅行の楽しさをもたらした。

その第一歩を、バーカーさんは行ったといえるだろう。

地中海というところは、多くの古代文明の生まれたところだった。その廃墟となった遺跡の前に映るミニの写真があった。その写真の中のミニは古代から未来へのかけ橋のようにも見えた。

かつて古代人たちは、我々よりも高度な叡知をもっていたことは確かだった。しかし、そういった文明が崩壊し廃墟となっている。それは、切ないまでの人間の愚かさ、浅はかさ、哀しい性によるさまざまな争いによって、一瞬に崩壊してしまうものだろう。古代ギリシアも繁栄を極め、パルテノン神殿はその象徴だった。しかし、多くの犠牲によって生み出された神殿は、今もアクロポリスの丘から動くことができず、静かに時を過ごしている。僕は、同じ叡知であろうミニに乗って、ギリシアからトルコ、地中海沿岸を抜けヨーロッパまで走ることができた。ミニという共通のことばで多くの人と出会った。そして、現実の苦しさ、憎しみや悲しみも感じることができた。名も知れぬ一人の人として旅に出て、名もしれぬ人と喜びも苦しみも感じあい、そんな一人一人のことばがどれほど大切か、ほんの少しだけれど、わかったような気がした。

そんな、名も無き人と名も無き人が出会うためにも、大衆車として、多くの人に愛され続けるクルマをイシゴニスはつくった。

バーカーさんが一枚の写真を見せてくれた。それはイシゴニスが小さな気球を実験しているものだった。今度イシゴニスが生まれかわってくるときは、だれもがこんな小さな気球で旅ができるようにしてくれるのかもしれない。

そのときは、バーカーさんと二人で、まっさきに旅に出たいと思った。

おわりに……神戸ジョブ

阪神淡路大震災

あの日、京都も大きく揺れた。

テレビをつけると、ほどなく、神戸がとんでもないことになっていることを知った。

電話が鳴る。神戸の手前に住む親類からだった。助けに行くために、ミニに乗って西に向かった。

爆撃の跡さながらの状況だった。家は倒壊し、道は塞がれている。高速道路は崩落し、バスが高速道路から半分飛び出していた。

ガシャリと、瓦を踏み、バキッと柱のヘリを踏む。道にできた段差に引っかかって、ミニだと越えられない。どこからともなく、角材を持った人たちがあらわれ、段差を埋め、後ろからみんなが押してくれる。ガチンという音で、アンダーガードとアスファルトがぶつかっているのがわかるが、そんなことにかまっていられない。

「ありがとう」

「礼なんかええから、はよ行き」

必死で走るが、すぐに渋滞に巻き込まれてしまう。一方通行を逆に走った。

阪神電車の香枦園駅の近くが酷かった。そこに、陽だまりで、おばあさんが一人座っていた。毛布にくるまって、憔悴しきっている。しかし、何もできない。そのことが、後々頭から離れなかった。しかし、とにかく、親類の家に向かわざるをえなかった。

家はぺっしゃんこだった。吹っ飛んだ襖に、タンスの開き戸が引っかかってできた隙間で、奇跡的に二人は助かっていた。できるだけの家財道具を積み、小学校に避難した。しかし、ろうそくの灯もない真っ暗な講堂の中は、もう足の踏み場もなかった。

京都に向かった。大阪への大渋滞の中、真夜中になって京都に着いた。

クルマの駅伝リレー

3カ月が過ぎ、ようやく落ち着きが戻り、年明け早々に進めていた地中海一周の準備を再開した。翌年に伸ばそうとしたが、手続きその他の都合で、どうしても、この年にしか行けなかった。

地中海一周を終え、イタリアン・ジョブに出ていたとき、神戸でこんなチャリティ・イベントをやろうと決心し、すぐ準備をはじめた。が、実際に神戸ジョブができたのは、1年以上先になった。

最初は本家イタリアン・ジョブのように、ロング・ツーリングにしようとしたが、まだまだイタリアン・ジョブそのものが知名度も低く、あまり人も集まりそうになかった。どうしようかと悩んでいたとき、九州の横尾自動車さんにおじゃまして相談にのってもらった。

「おなじやるなら、全国規模でやった方がよかね」

同感だった。

「我々も雲仙普賢岳で被害を受けてますから、少しは辛さがわかります。でも、神戸まで行けません。そのかわり、仲間を集めて支援しますから。そのリレーというのはいかがでしょうか」

こうして、神戸ジョブは、日本で最初のクルマによる駅伝リレーとなった。

ツール・ド・北海道

「神戸から、北海道まで走っていこう」

前宣伝もかねたプレ・イベント「ツール・ド・北海道」を行い、北へと向かうことにした。総勢7名。縁ある仲間とともに、北海道のミニ仲間へ神戸のことを理解してもらおうと、ミニを連ねて走っていくことにした。

夕刻に神戸のダンロップ住友ゴム工業本社前を出発。新聞社やテレビ局も取材に来て、盛大にスタートできたはいいが、インターチェンジまでが大渋滞。まだ高速道路が復旧していないので、暑くて大変だ。一泊目の中継地である金沢のガレージ・ミニマムさんに着いたら、夜中の3時を回っていた。

翌日は赤倉に泊まり、岩手のグリーン・ガレージさんまで走った。大歓迎を受け、さあ出発と1キロほど走り、コンビニで停まったら、1台のラジエターがぶっ壊れ、あやうく大事になりかけた。車載に乗せてもらって引き返し、その夜は北に向かう高速のパーキングの裏で、テントを張って寝るという強行軍だった。

北海道では、ガレージ・ミニの河西さんが主催した「ジャパン・ミニデイ・イン・ほっかいどう」

で、北のミニ仲間と楽しいひとときを過ごす。多くの募金も集まり、北海道からも熱いエールが神戸に送られた。

イタリアン・ジョブを日本で

その夢は被災したミニ専門ショップのオートメモリー、ジャンスピード、ガレージアウトデルタ、六甲オートや、元キングスロード店長・香山さん、神戸在住の松田さんらをはじめとするボランティア・スタッフの協力で「神戸ジョブ」として実現した。とくに、雑誌『ミニ・フリーク』の力が絶大で、ミニ専門ショップ、ミニ・オーナーズクラブそしてローバー・ジャパン、ＭＳＡグループの支援により、被災した子どもたちへの募金が集められた。イタリアン・ジョブの仲間からも、神戸のジョバーに「成功を祈る」とのメッセージが届いた。

いよいよスタートの日、北海道と沖縄を同時スタートしたランナーは、一路神戸へと向かう。各中継所には、多くのジョバーが集まり、神戸へのメッセージが記されたフラッグと、募金缶、そして、各地の名産がリレーされ、イベント会場に集められた。

フィナーレは、およそ１００台のミニでつくられたクリスマスツリー。復興のきざしが見えはじめた神戸の夜を、光のツリーが彩り、希望と再生のシンボルとすることができた。

翌年早々には地元ＳＵＮ・ＴＶの門前さんの尽力により、その模様も放映された。募金は、神戸で里親を必要とする子どもたちへの援助に使われ、各地の名産は、仮設住宅にクリスマス・プレゼントとして贈られた。

ミニというクルマを好きな人が、神戸に一本の「道」をつくったことになる。日本の北と南から「人の道」がつくられた。

その「道」をつくったミニの仲間に、感謝を込め、本稿を終わります。

神戸でつくられたミニのクリスマスツリー。

追記

日本で最初にミニを運転したのは、バーカーさんの親友である二玄社の小林彰太郎さん。その小林さんに初めてお会いして、この旅行のことをお話ししたとき、「ミニでのその体験を本にしませんか」と言っていただいたことで、本書の企画は始まりました。二玄社編集部の菊池さんに「あまり期待しないで下さいね」と言われるたびに、菊池さんの陰の力でより現実化していくことを感じ、二玄社の辻さんの心のこもった編集により、こうして出版していただくことができました。そして、地中海一周のきっかけとなった、ラクダの群を横切るミニの写真を紹介した瀧澤さんも、現在は二玄社におられ、ミニを通じた二玄社との不思議な縁に、ただただ感謝しております。

地中海を巡り、砂漠で見たラクダは、不思議なくらい美しいと感じました。そしてミニは、まるで生き物のようにたたずんでいました。砂漠もラクダも海も花も、人は自らの手で生み出すことはできません。しかし、ミニやパルテノン神殿など、まるで神の意思かのように限りなく自然なモノを、人間は生み出しました。

私たちの心のどこかには、そんな素敵な創造力が秘められているのでしょう。イシゴニスは、そんな資質を開花させろといっています。ミニというクルマと出会い、ふれあい、感じあえることは、そのためのプロローグかもしれません。

まもなくミニの生産が終わります。けれども、その日からが我々が創る新しい時代の始まりではないでしょうか。

ミニが世界中で多くの人に愛されている理由は、そんなところにあるもかもしれません。

なお本書の印税は、神戸の家庭養護促進協会から被災した子どもたちに、またイタリアン・ジョブ事務局からヨーロッパの孤児たちに贈られます。

２０００年６月　　長谷川一郎

ミニと駱駝《らくだ》とパルテノン

――ミニの謎《なぞ》を解《と》く地中海一周大冒険《ちちゅうかいいっしゅうだいぼうけん》

二〇〇〇年七月二五日初版発行

著　者　長谷川一郎（はせがわ　いちろう）

発行者　渡邊隆男
発行所　株式会社二玄社
東京都千代田区神田神保町二―二　〒101-8419
営業部　東京都文京区本駒込六―二―一　〒113-0021
電話　〇三―五三九五―〇五一一
印　刷　図書印刷
製　本　積信堂

Printed in Japan
ISBN4-544-04071-X C-0053

ミニ・ストーリー
小型車の革命

ローレンス・ポメロイ著　小林彰太郎訳
Ａ５判　上製　210ページ
本体価格 1200円

横置きエンジンによる前輪駆動、ラバーを使ったサスペンション、四角い箱の四隅についた小さな車輪、しかも大人４人が楽に座れる広い室内。小型車の設計技術に革命をもたらした“ミニ”の開発、生産の過程を伝えるドキュメンタリー。

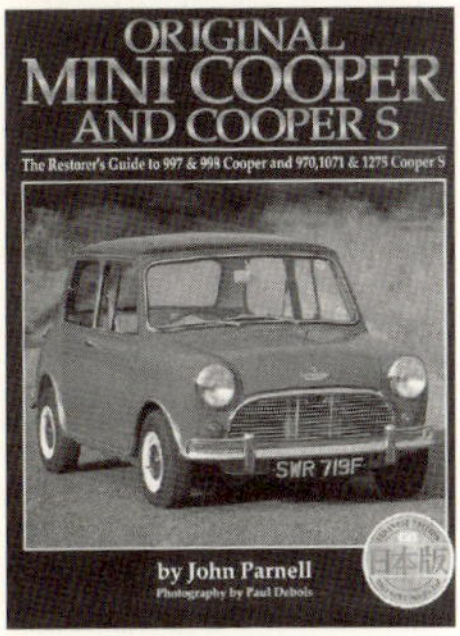

オリジナル・ミニ・クーパー＆クーパーS

ジョン・パーネル著　日本語版
Ａ４判変型　120ページ
本体価格 3200円

1960年代に生産されたマークⅠから現代のローバー・ミニ・クーパーまで全車種を網羅するガイドブック。ボディワーク、インテリア、メカニズムなども、100％オリジナルを追求して詳細に解説する。ミニ・エンスージアスト必携の一冊。

ミニ・みに大作戦
ミニに乗って人生変わった

椎名衣里著
Ｂ５判変型　168ページ
本体価格 1262円

長年ペーパードライバーだった30代の主婦（著者）のもとに、ある日突然『ローバー・ミニ』がやってきた。その日からMINIとの奮闘の日々が始まったのだ。車庫入れ、車線変更、パーツの購入…。悪戦苦闘の365日を綴った痛快クルマ絵日記。

二玄社